시사중국어사

 퍼펙트 중국어는 중국어 공부의 새로운 패러다임을 구축할
신개념(New Concept) 중국어 교재로 쉽고! 재미있게! 학습할 수 있는
교재입니다.

 펙트만을 모아~모아~ 현지 중국인이 쓰는 단어와 문장을
패턴(Pattern)으로 녹여냈습니다.

 트~윽별하고 야심차게 구성한 챈트(Rhythmic Chinese) 파트를 통해
패턴을 눈에 확! 입에 착! 귀에 쏙! 저장할 수 있습니다.

 중국에서 현지인들과 대화하듯이 회화연습을 할 수 있도록
대화(Dialogue) 내용을 구현하였습니다.

 국어 공부를 시작할 때처럼 차근차근, 더블 첵!(Double Check!)을 통해
어휘량을 UP!, 워드맵(Word Map)을 통해 배운 단어를 UP! UP!,
워크북을 통해 레알 중국어 실력 UP! UP! UP! 할 수 있습니다.

 어른들도 아이들도 누구나 즐겁고 쉽게 공부할 수 있는
신개념 중국어 공부~! 퍼펙트(Perfect)로 시작합니다!

<完美漢語>

建立漢語學習全新概念,
打造漢語學習全新模式,
提供輕鬆有趣節奏韵律,
設計生動形象眞實會話,
開啓完美漢語學習之旅。

퍼펙트 중국어 교재로 중국어를 학습하시는 여러분, 반갑습니다!
늘 토착화 된 교재를 갈구하던 중, 새로운 개념으로 정석만을 골라 담아 학습자들에게
좀 더 편안하고 익숙하게 다가갈 수 있도록 만든 교재를 선보이게 되었습니다.
지금까지 많은 사람들이 다양한 교재와 방법으로 중국어를 학습해 왔습니다.
이제는 패턴과 리듬, 그리고 다양한 놀이로 구성된 차별화 된 학습법으로
이 교재를 사용해 보시기 바랍니다.

완전정복!
말은 쉽지만 행하기가 어려운 표어입니다. 하지만 불가능한 것도 아닙니다.
외국어 학습에 가장 중요한 어휘 확장과 반복된 말하기 연습, 그리고 패턴을 통한
문장구조 파악과 중국인과 흡사하게 말하는 어감 정복을 통해 충분히 달성할 수 있습니다.

이제 신선한 충격을 통해 고지에 올라 설 준비를 하시고 시작해 보십시오.
분명 퍼펙트하게 달라진 자신의 모습을 보시게 될 겁니다.
응원하겠습니다.

기해년 이른 가을을 기다리며
저자 일동

이 책의 특징

Main Book

✓ **Pattern 01, 02, 03**
같은 패턴을 묶어 연습하면 중국어가 쉬워집니다.
반복하여 듣고 말하기 연습을 해 보세요.

✓ **Rhythmic Chinese**
리듬을 통해 배운 패턴을 익혀 보세요.

✓ **Preview Toon**
회화에 어떤 내용이 나올지 미리 읽어 봅니다.

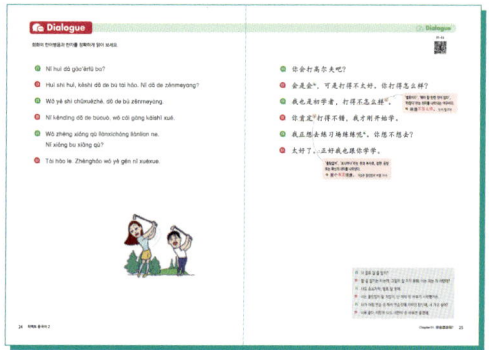

✓ **Dialogue**
미리보기와 배웠던 패턴을 생각하며 회화를 읽어 보세요.

✓ **Double Check!**
추가 단어를 활용하여 패턴연습을 해 보세요.

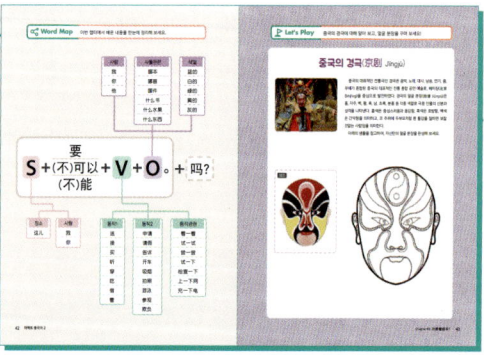

✓ **Word Map**
이번 과의 핵심 문장 구조에서 배웠던 단어를 엮어 문장 만들기 연습을 해 보세요.

✓ **Let's Play**
시, 노래, 드라마, 재미있는 이야기 그리고 중국문화 활동해 보기 등 중국어로 재미있게 놀아 봐요.

Workbook

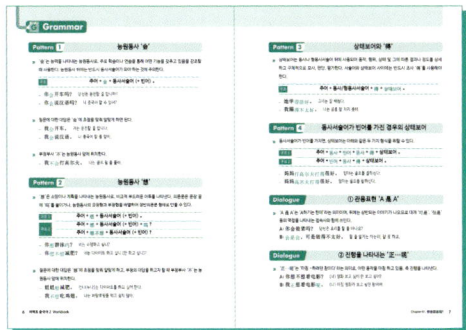

✓ **Grammar**
패턴과 회화에서 배웠던 문법을 정리했습니다.

✓ **Review & Writing**
회화문을 다시 들어 보고 받아쓰기 해 보세요.

✓ **Exercise**
HSK, BCT 등 시험 유형에서 뽑은 문제를 풀며 시험까지 대비해 보세요.

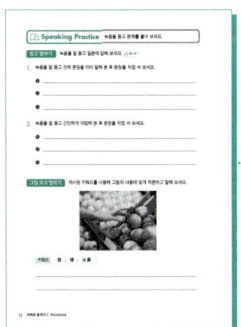

✓ **Speaking Practice**
듣고 쓰기, 듣고 말하기로 실력을 쌓고, 제시된 상황에 대해 말하기 연습을 해 보세요.

Word Note

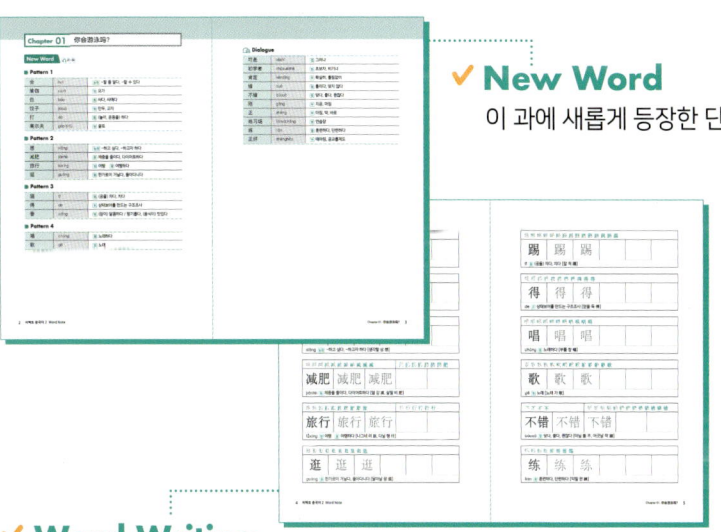

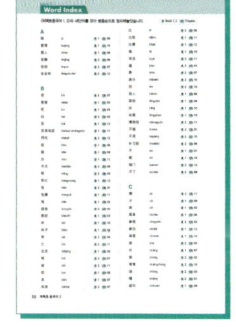

✓ **New Word**
이 과에 새롭게 등장한 단어를 체크해 보세요.

✓ **Word Writing**
한자의 획순에 유의하며 한자를 써 보세요.

✓ **Word Index**

☑ 이 책의 활용법

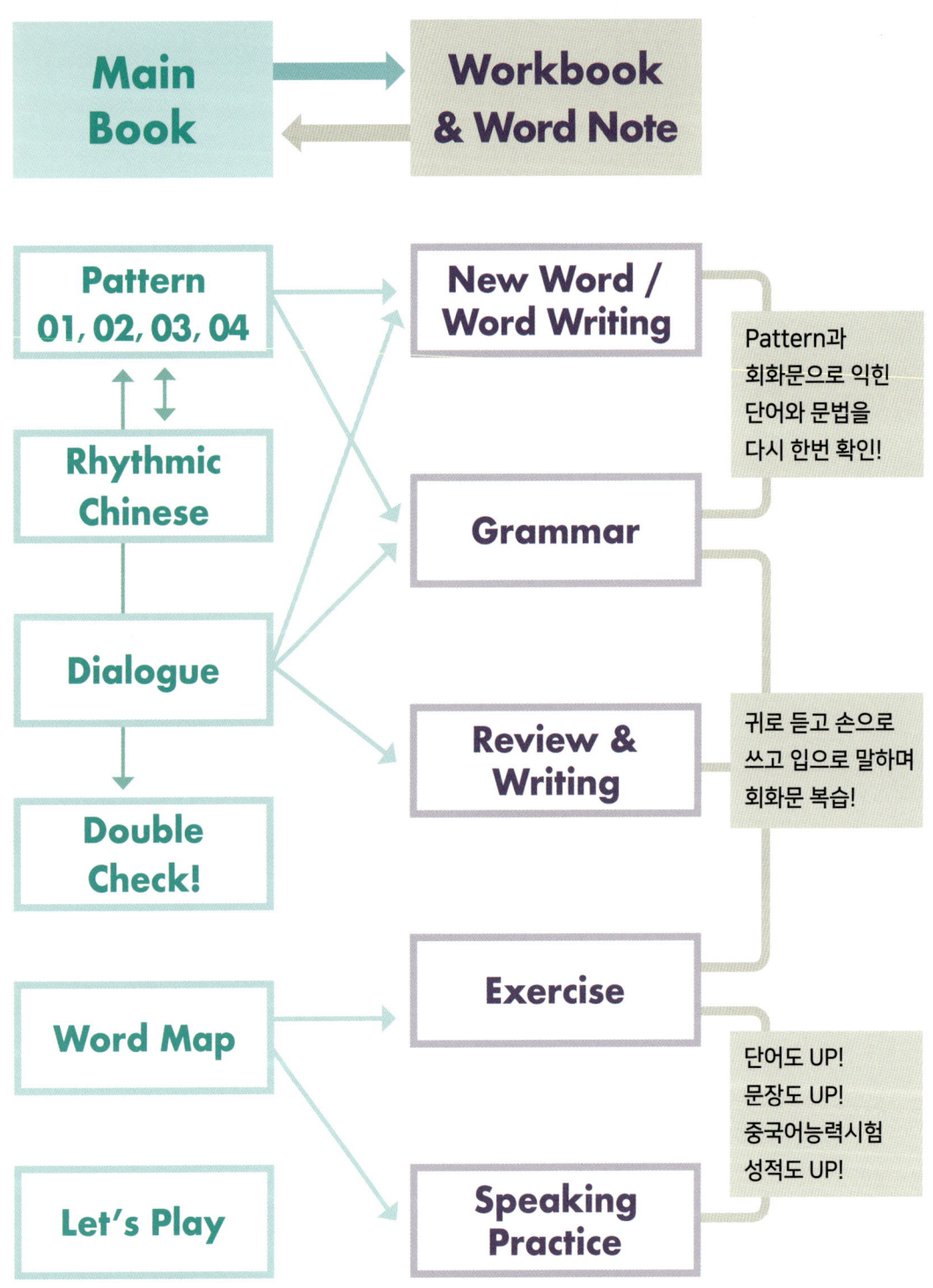

☑ 이 책의 학습 효과

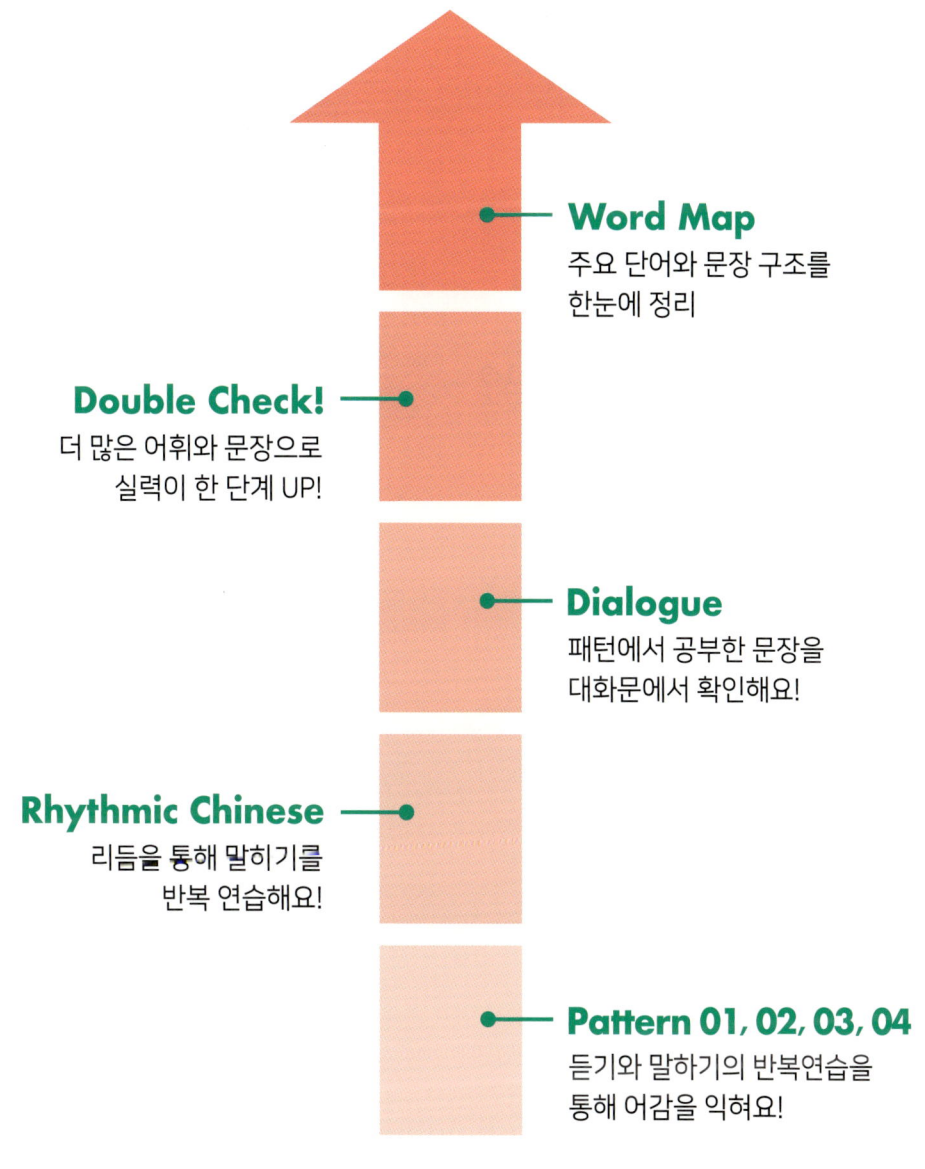

목차

머리말

- 이 책의 특징 — 4
- 이 책의 활용법 — 6
- 이 책의 학습 효과 — 7
- 목차 — 8
- 수업계획표 — 10

Chapter 01 你会游泳吗? — 12
Nǐ huì yóuyǒng ma?

Chapter 02 你要看哪本? — 28
Nǐ yào kàn nǎ běn?

Chapter 03 你学过吗? — 44
Nǐ xuéguo ma?

Chapter 04 灯亮着。 — 60
Dēng liàngzhe.

| Chapter 05 | 我在医院上班。 | 76 |
| | Wǒ zài yīyuàn shàngbān. | |

| Chapter 06 | 他比我高。 | 92 |
| | Tā bǐ wǒ gāo. | |

| Chapter 07 | 我做完了。 | 108 |
| | Wǒ zuòwán le. | |

| Chapter 08 | 我找得到。 | 124 |
| | Wǒ zhǎo de dào. | |

| Chapter 09 | 你学了几年？ | 140 |
| | Nǐ xué le jǐ nián? | |

| Chapter 10 | 她给我发一条微信。 | 156 |
| | Tā gěi wǒ fā yì tiáo wēixìn. | |

| Chapter 11 | 从3号到9号出差。 | 172 |
| | Cóng sān hào dào jiǔ hào chūchāi. | |

| Chapter 12 | 老板让我加班。 | 188 |
| | Lǎobǎn ràng wǒ jiābān. | |

수업 계획표

주차	Chapter		학습 내용
1주차	**REVIEW**		〈퍼펙트 중국어 1〉 문법 및 단어 복습
2주차	**Chapter 01** 你会游泳吗?	Pattern	01 능원동사 '会' 02 능원동사 '想' 03 상태보어와 '得' 04 동사서술어가 빈어를 가진 경우의 상태보어
		Dialogue	❶ 관용표현 'A 是 A' ❷ 진행을 나타내는 '正…呢'
3주차	**Chapter 02** 你要看哪本?	Pattern	01 능원동사 '要' 02 능원동사 '可以' 03 능원동사 '可以'의 부정
		Dialogue	❶ 관용표현 '哪儿的话' ❷ 관용표현 '睡懒觉'
4주차	**Chapter 03** 你学过吗?	Pattern	01 경험을 나타내는 동태조사 '过' 02 동태조사 '过'와 동량보어의 위치 ① 03 동태조사 '过'와 동량보어의 위치 ② 04 동태조사 '过'의 완전 부정 표현
		Dialogue	❶ 접속사 '如果' ❷ 동사의 중첩 형식
5주차	**Chapter 04** 灯亮着。	Pattern	01 상태의 지속을 나타내는 동태조사 '着' 02 상태의 지속을 나타내는 동태조사 '着'와 존재문 03 동작의 지속을 나타내는 동태조사 '着' 04 동작의 지속을 나타내는 '着'와 연동문
		Dialogue	❶ 의문대사 '怎么' ❷ 관용표현 '…的时候' ❸ 관용표현 '挺…的'
6주차	**Chapter 05** 我在医院上班。	Pattern	01 장소를 이끌어 내는 개사 '在' 02 동작의 진행을 나타내는 부사 '在' 03 동작의 진행을 나타내는 부사 '正在'
		Dialogue	동사 '在'
7주차	중간고사		

주차	Chapter		학습 내용	
8주차	Chapter 06 他比我高。	Pattern	01 비교를 나타내는 개사 '比' 02 비교 구문의 부정 형식 03 두 대상이 비슷함을 나타내는 동등 비교	
		Dialogue	❶ 수량사 '俩' ❷ 동사 '以为'	
9주차	Chapter 07 我做完了。	Pattern	01 결과를 나타내는 보어: 결과보어 02 '把'자문 03 결과보어와 '把'자문의 부정	
		Dialogue	능원동사 '得'	
10주차	Chapter 08 我找得到。	Pattern	01 가능을 나타내는 보어: 가능보어 02 기타 가능보어 '…得了/…不了' 03 단순방향보어와 '来', '去' 04 복합방향보어	
		Dialogue	❶ 부사 '果然' ❷ 관용표현 '怎么 + 谢 + 사람'	
11주차	Chapter 09 你学了几年？	Pattern	01 시량보어 ① 02 시량보어 ② 03 빈어가 있는 시량보어 ① 04 빈어가 있는 시량보어 ②	
		Dialogue	❶ '是…的' 구문 ❷ 부사 '原来'	
12주차	Chapter 10 她给我发一条微信。	Pattern	01 개사 '给' 03 개사 '向'	02 개사 '跟' 04 개사 '对'
		Dialogue	의견을 구하는 '…, 好吗?'	
13주차	Chapter 11 从3号到9号出差。	Pattern	01 개사 '从', '到' 02 개사 '往', '离' 03 개사 '被'가 있는 피동문	
		Dialogue	❶ 부사 '就' ❷ '可别…了' 구문	
14주차	Chapter 12 老板让我加班。	Pattern	01 사역동사 '让'과 겸어문 02 사역동사 '请'과 겸어문 03 이중빈어문	
		Dialogue	❶ 추측을 나타내는 능원동사 '会' ❷ 형용사 중첩 '好好儿'	
15주차			기말고사	

Chapter 01

你会游泳吗?

학습 내용

Pattern 01

Nǐ huì yóuyǒng ma?
你会游泳吗?

Pattern 02

Nǐ xiǎng bu xiǎng jiǎnféi?
你想不想减肥?

Pattern 03

Tā tī de zěnmeyàng?
他踢得怎么样?

Pattern 04

Tā (chàng) gē chàng de zěnmeyàng?
他(唱)歌唱得怎么样?

Pattern 01

Nǐ huì yóuyǒng ma?

Nǐ huì yóuyǒng ma?

Nǐ huì zuò cài ma?

Nǐ huì kāichē ma?

Nǐ huì zuò yújiā ma?

Nǐ huì bāo jiǎozi ma?

Nǐ huì dǎ gāo'ěrfū ma?

Wǒ huì yóuyǒng.

Wǒ bú huì zuò cài.

你会游泳吗?

Q

| 你会游泳吗? | 당신 수영할 줄 아세요? |

| 你会做菜吗? | 너 요리할 줄 아니? |

| 你会开车吗? | 당신 운전할 줄 알아요? |

| 你会做瑜伽吗? | 당신 요가할 줄 아세요? |

| 你会包饺子吗? | 너 만두 빚을 줄 아니? |

| 你会打高尔夫吗? | 당신 골프 칠 줄 아세요? |

A

| 我会游泳。 | 저는 수영할 줄 알아요. |

| 我不会做菜。 | 나 요리할 줄 몰라. |

Pattern 02

Nǐ xiǎng bu xiǎng jiǎnféi?

 Nǐ xiǎng bu xiǎng jiǎnféi?

 Nǐ xiǎng bu xiǎng jiéhūn?

 Nǐ xiǎng bu xiǎng qù lǚxíng?

 Nǐ xiǎng bu xiǎng hē píjiǔ?

 Nǐ xiǎng bu xiǎng guàng shāngdiàn?

 Nǐ xiǎng bu xiǎng mǎi shǒubiǎo?

 Wǒ xiǎng jiǎnféi.

 Wǒ bù xiǎng jiéhūn.

Pattern 02

你想不想减肥?

Q

| 你想不想减肥? | 너 다이어트하고 싶니? |

你想不想减肥? — 너 다이어트하고 싶니?

你想不想结婚? — 당신 결혼하고 싶으세요?

你想不想去旅行? — 너 여행 가고 싶니?

你想不想喝啤酒? — 당신 맥주 마시고 싶으세요?

你想不想逛商店? — 당신 쇼핑하고 싶어요?

你想不想买手表? — 너 시계 사고 싶니?

A

我想减肥。 — 나 다이어트하고 싶어.

我不想结婚。 — 저는 결혼하고 싶지 않아요.

Pattern 03

Tā tī de zěnmeyàng?

Tā tī de zěnmeyàng?

Tā yóu de zěnmeyàng?

Tā dǎ de zěnmeyàng?

Nǐ shuì de zěnmeyàng?

Nǐ xué de zěnmeyàng?

Nǐ wánr de zěnmeyàng?

Tā tī de bú tài hǎo.

Wǒ shuì de hěn xiāng.

他踢得怎么样？

Q

他踢得怎么样？ 그는 (공을) 차는 게(정도가) 어때요?

她游得怎么样？ 그녀는 헤엄치는 게 어떤가요?

他打得怎么样？ 그는 (공을) 치는 게(정도가) 어때요?

你睡得怎么样？ 당신 주무신 것이 어떤가요?
(잘 주무셨어요?)

你学得怎么样？ 너 배우는 게 어때?
(잘 배웠어?)

你玩儿得怎么样？ 너 노는 게 어땠어?
(잘 놀았어?)

A

他踢得不太好。 그는 별로(그다지) 잘 차지 못해요.

我睡得很香。 저는 아주 달게 잤습니다.

Pattern 04

Tā (chàng) gē chàng de zěnmeyàng?

Q

Tā (chàng) gē chàng de zěnmeyàng?

Tā (tiào) wǔ tiào de zěnmeyàng?

Tā (zuò) cài zuò de zěnmeyàng?

Tā (shuō) Hànyǔ shuō de zěnmeyàng?

Tā (wánr) yóuxì wánr de zěnmeyàng?

Tā (dǎ) gāo'ěrfū dǎ de zěnmeyàng?

A

Tā (chàng) gē chàng de hěn hǎotīng.

Tā (tiào) wǔ tiào de búcuò.

Pattern 04 — 他(唱)歌唱得怎么样?

01-04

Q

| 他(唱)歌唱得怎么样? | 그가 노래 부르는 것이 어떤가요?
(그가 노래를 잘 하나요?) |

他(跳)舞跳得怎么样? 그가 춤을 추는 것이 어때?
(그가 춤을 잘 추나요?)

他(做)菜做得怎么样? 그가 요리하는 게 어때?
(그가 요리를 잘 하나요?)

她(说)汉语说得怎么样? 그녀가 중국어 하는 것이 어떤가요?
(그녀가 중국어를 잘 하나요?)

她(玩儿)游戏玩儿得怎么样? 그녀가 게임을 하는 것이 어떤가요?
(그녀가 게임을 잘 하나요?)

她(打)高尔夫打得怎么样? 그녀가 골프를 치는 것이 어떤가요?
(그녀가 골프를 잘 쳐?)

A

他(唱)歌唱得很好听。 그는 노래를 아주 잘해요.

他(跳)舞跳得不错。 그는 춤을 꽤 잘 춰.

Chapter 01. 你会游泳吗? 21

Rhythmic Chinese

앞에서 배운 내용을 박자에 맞게 신나게 읽어 보세요!

喝什么? 喝什么?	Hē shénme? Hē shénme?
你想喝什么?	Nǐ xiǎng hē shénme?
想喝咖啡吗?	Xiǎng hē kāfēi ma?
很想喝，很想喝，	Hěn xiǎng hē, hěn xiǎng hē,
很想喝咖啡。	hěn xiǎng hē kāfēi.
吃什么? 吃什么?	Chī shénme? Chī shénme?
你想吃什么?	Nǐ xiǎng chī shénme?
想吃饺子吗?	Xiǎng chī jiǎozi ma?
很想吃，很想吃，	Hěn xiǎng chī, hěn xiǎng chī,
很想吃饺子。	hěn xiǎng chī jiǎozi.

做什么? 做什么?	Zuò shénme? Zuò shénme?
你会做什么?	Nǐ huì zuò shénme?
你会开车吗?	Nǐ huì kāichē ma?
我会开，我会开，	Wǒ huì kāi, wǒ huì kāi,
开得还不错。	kāi de hái búcuò.
做什么? 做什么?	Zuò shénme? Zuò shénme?
你会做什么?	Nǐ huì zuò shénme?
你会做菜吗?	Nǐ huì zuò cài ma?
当然会，当然会，	Dāngrán huì, dāngrán huì,
做得还不错。	zuò de hái búcuò.

Preview Toon 미리 대화 내용을 읽어 보고 어떤 내용이 나올지 짐작해 보세요!

Chapter 01. 你会游泳吗?

Dialogue

회화의 한어병음과 한자를 정확하게 읽어 보세요.

A Nǐ huì dǎ gāo'ěrfū ba?

B Huì shì huì, kěshì dǎ de bú tài hǎo. Nǐ dǎ de zěnmeyàng?

A Wǒ yě shì chūxuézhě, dǎ de bù zěnmeyàng.

B Nǐ kěndìng dǎ de búcuò, wǒ cái gāng kāishǐ xué.

A Wǒ zhèng xiǎng qù liànxíchǎng liànlian ne.
Nǐ xiǎng bu xiǎng qù?

B Tài hǎo le. Zhènghǎo wǒ yě gēn nǐ xuéxue.

Dialogue

01-06

Ⓐ 你会打高尔夫吧?

Ⓑ 会是会ⓖ, 可是打得不太好。你打得怎么样?

Ⓐ 我也是初学者, 打得不怎么样ⓣ。

> '별로이다', '뭐라 할 만한 것이 없다', '하찮다'라는 의미를 나타내는 어구이다.
> 예 味道不怎么样。 맛이 별로야.

Ⓑ 你肯定ⓣ打得不错, 我才刚开始学。

Ⓐ 我正想去练习场练练呢ⓖ。你想不想去?

Ⓑ 太好了。正好我也跟你学学。

> '틀림없이', '보나마나'라는 뜻의 부사로, 강한 긍정 또는 확신의 의미를 나타낸다.
> 예 那个肯定很贵。 저것은 틀림없이 비쌀 거야.

Ⓐ 너 골프 칠 줄 알지?
Ⓑ 할 줄 알기는 아는데, 그렇게 잘 치지 못해. 너는 치는 게 어떤데?
Ⓐ 나도 초보자라, 별로 잘 못해.
Ⓑ 너는 틀림없이 잘 치겠지, 난 이제 막 배우기 시작했거든.
Ⓐ 내가 마침 연습 좀 하러 연습장에 가려던 참인데, 너 가고 싶어?
Ⓑ 너무 좋다. 이참에 나도 너한테 좀 배우면 좋겠네.

Word Map

이번 챕터에서 배운 내용을 한눈에 정리해 보세요.

사람
我
你
他
她

S + (不)会 / (不)想 + V。 + 吗?

동작
游泳
减肥
结婚
旅行
开车

동작관련
做+菜
做+瑜伽
包+饺子
喝+啤酒
逛+商店
买+手表
打+高尔夫

Let's Play 중국의 세계 1위에 대해 알아 보세요!

중국의 세계 1위

한족 汉族 Hànzú
세계에서 인구수가 가장 많은 민족

한복(중국 의복) 汉服 Hànfú
세계에서 가장 유구한 역사를 가진 민족의상

장성 长城 Chángchéng
세계에서 가장 길이가 긴 건축물

베이징 고궁 北京故宫
Běijīng Gùgōng
현존하는 세계에서 가장 거대한 궁궐

칭짱 고원 青藏高原
Qīngzàng gāoyuán
세계에서 가장 높은 고원

주무랑마 봉 珠穆朗玛峰
Zhūmùlǎngmǎ fēng
세계에서 가장 높은 산봉우리

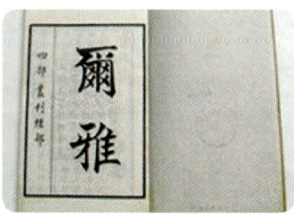

이아 尔雅 Ěryǎ
세계 최초의 사전

원주율 계산 남북조(南北朝)시대
조충지(祖冲之 Zǔ Chōngzhī)
세계에서 가장 먼저 원주율 값을
소수점 7자리까지 계산해 낸 사람

건강 建康 Jiànkāng
(지금의 南京 Nánjīng)
세계에서 가장 먼저
인구가 1백만 명을 넘은 도시

Chapter 02

你要看哪本?

학습 내용

Nǐ yào kàn nǎ běn?
你要看哪本?

Wǒ kěyǐ shēnqǐng ma?
我可以申请吗?

Zhèr bù néng xīyān.
这儿不能吸烟。

Pattern 01

Nǐ yào kàn nǎ běn?

Q Nǐ yào kàn nǎ běn?

Nǐ yào tīng nǎ shǒu?

Nǐ yào chuān nǎ jiàn?

Nǐ yào jiè shénme shū?

Nǐ yào chī shénme shuǐguǒ?

Nǐ yào qù shénme dìfang?

A Wǒ yào chuān lán de.

Wǒ yào chī lìzhī.

你要看哪本？

02-01

Q

| 你要看哪本？ | 너는 어떤 책을 볼 거야? |

| 你要听哪首？ | 너 어떤 노래 듣고 싶어? |

| 你要穿哪件？ | 당신 어떤 옷을 입으실래요? |

| 你要借什么书？ | 당신은 무슨 책을 빌리려고 하시나요? |

| 你要吃什么水果？ | 너 무슨 과일 먹을래? |

| 你要去什么地方？ | 당신은 어느 곳에 가기를 원하시나요? |

A

| 我要穿蓝的。 | 저는 파란 것을 입으려고 해요. |

| 我要吃荔枝。 | 나는 리치 먹을래. |

Pattern 02 — Wǒ kěyǐ shēnqǐng ma?

Q Wǒ kěyǐ shēnqǐng ma?

Wǒ kěyǐ qǐngjià ma?

Wǒ kěyǐ shì (yi) shì ma?

Wǒ kěyǐ cháng (yi) cháng ma?

Nǐ kěyǐ gàosu wǒ ma?

Nǐ kěyǐ lái jiē wǒ ma?

A Nǐ kěyǐ shì yíxià.

Wǒ kěyǐ qù jiē nǐ.

Pattern 02 我**可以**申请吗?

Q

我**可以**申请吗?   제가 신청해도 될까요?

我**可以**请假吗?   제가 휴가를 내도 될까요?

我**可以**试(一)试吗?   제가 한번 해 봐도 될까요?

我**可以**尝(一)尝吗?   제가 한번 맛 봐도 될까요?

你**可以**告诉我吗?   너 나에게 알려 줄 수 있니?

你**可以**来接我吗?   당신 저를 마중 나와 줄 수 있어요?

A

你**可以**试一下。   당신이 한번 해 보셔도 됩니다.

我**可以**去接你。   저는 당신을 마중 나갈 수 있어요.

Pattern 03

Zhèr bù néng xīyān.

Zhèr bù néng xīyān.

Zhèr bù néng pāizhào.

Wǒ bù néng kāichē.

Wǒ bù néng hē jiǔ.

Zhèr bù kěyǐ yóuyǒng.

Zhèr bù kěyǐ cānguān.

Nǐ bù kěyǐ qīfu tā.

Nǐ bù kěyǐ luàn shuōhuà.

这儿不能吸烟。

02-03

这儿不能吸烟。	여기서는 흡연하면 안 됩니다.
这儿不能拍照。	이곳에서는 사진을 찍으면 안 됩니다.
我不能开车。	저는 운전할 수 없어요.
我不能喝酒。	나 술 마실 수 없어.
这儿不可以游泳。	이곳에서는 수영을 하면 안 돼.
这儿不可以参观。	이곳은 참관이 안 됩니다.
你不可以欺负他。	당신은 그를 무시해서는 안 돼요.
你不可以乱说话。	너는 말을 함부로 해서는 안 돼.

Rhythmic Chinese ♪

앞에서 배운 내용을 박자에 맞게 신나게 읽어 보세요!

去哪儿？去哪儿？	Qù nǎr? Qù nǎr?
你要去哪儿？	Nǐ yào qù nǎr?
要去上海吗？	Yào qù Shànghǎi ma?
我要去，我要去，	Wǒ yào qù, wǒ yào qù,
我要去出差。	wǒ yào qù chūchāi.
吃什么？吃什么？	Chī shénme? Chī shénme?
你要吃什么？	Nǐ yào chī shénme?
要吃荔枝吗？	Yào chī lìzhī ma?
我要吃，我要吃，	Wǒ yào chī, wǒ yào chī,
我要尝一尝。	wǒ yào cháng yi cháng.
做什么？做什么？	Zuò shénme? Zuò shénme?
可以做什么？	Kěyǐ zuò shénme?
可以请假吗？	Kěyǐ qǐngjià ma?
可以请，可以请，	Kěyǐ qǐng, kěyǐ qǐng,
你可以请假。	nǐ kěyǐ qǐngjià.
做什么？做什么？	Zuò shénme? Zuò shénme?
可以做什么？	Kěyǐ zuò shénme?
可以吸烟吗？	Kěyǐ xīyān ma?
不可以，不可以，	Bù kěyǐ, bù kěyǐ,
不可以吸烟。	bù kěyǐ xīyān.

bd Preview Toon 미리 대화 내용을 읽어 보고 어떤 내용이 나올지 짐작해 보세요!

Chapter 02. 你要看哪本?

Dialogue

회화의 한어병음과 한자를 정확하게 읽어 보세요.

A Wǒ zhōuliù yào qù Shànghǎi chūchāi.

B Nǐ yào zuò jǐ diǎn de fēijī?

A Zǎoshang bā diǎn de. Liù diǎn zhōng dào jīchǎng.
Nǐ kěyǐ sòng wǒ ma?

B Dāngrán. Nà wǒmen wǔ diǎn chūfā, zěnmeyàng?

A Nàge shíjiān bù dǔchē, liù diǎn kěndìng néng dào.
Nà jiù xīnkǔ nǐ le.

B Nǎr de huà, zhǐshì zhège zhōumò bù néng shuì lǎnjiào le.

Dialogue

🅰 我周六要去上海出差。

🅱 你要坐几点的飞机?

🅰 早上八点的。六点钟到机场。
你可以送我吗?

🅱 当然。那我们五点出发,怎么样?

🅰 那个时间不堵车,六点肯定能到。
那就辛苦你了。

🅱 哪儿的话[G],只是这个周末不能睡懒觉[G]了。

🅰 나 토요일에 상하이로 출장 갈 거야.
🅱 너 몇 시 비행기를 타야 하는데?
🅰 아침 8시 거야. 6시에 공항에 도착해야 돼. 너 나 데려다 줄 수 있어?
🅱 물론이지. 그럼 우리 5시에 출발하는 거 어때?
🅰 그 시간에는 차가 막히지 않아서, 6시면 틀림없이 도착할 수 있을 거야.
그럼 네가 고생 좀 해 줘.
🅱 무슨 그런 말을, 그저 이번 주말에는 늦잠 자기는 틀린 거지.

✅ Double Check! 다음 심화단어를 학습한 후 패턴에 맞춰 이야기해 보세요.

	병음	한자	뜻
	bái	白	형 희다, 흰색의
	lǜ	绿	형 푸르다, 초록색의
	huáng	黄	형 노랗다, 노란색의
	jiǎnchá	检查	동 검사하다, 조사하다
	shàngwǎng	上网	동 인터넷에 접속하다
	chōngdiàn	充电	동 충전하다

☑ **Finish!** 다음 문장을 중국어로 바꿔 말해 보세요.

❶ 제가 인터넷에 좀 접속해도 될까요? ❷ 나는 노란색을 입을래.
❸ 제가 충전 좀 해도 될까요? ❹ 나는 흰 것을 살래.

02-06

Wǒ yào mǎi bái de.	我要买白的。	나는 흰 것을 살래.
Wǒ yào mǎi lǜ de.	我要买绿的。	저는 초록색을 살게요.
Wǒ yào chuān huáng de.	我要穿黄的。	나는 노란색을 입을래.
Wǒ kěyǐ jiǎnchá yíxià ma?	我可以检查一下吗？	제가 검사 좀 해 봐도 될까요?
Wǒ kěyǐ shàng yíxià wǎng ma?	我可以上一下网吗？	제가 인터넷에 좀 접속해두 될까요?
Wǒ kěyǐ chōng yíxià diàn ma?	我可以充一下电吗？	제가 충전 좀 해도 될까요?

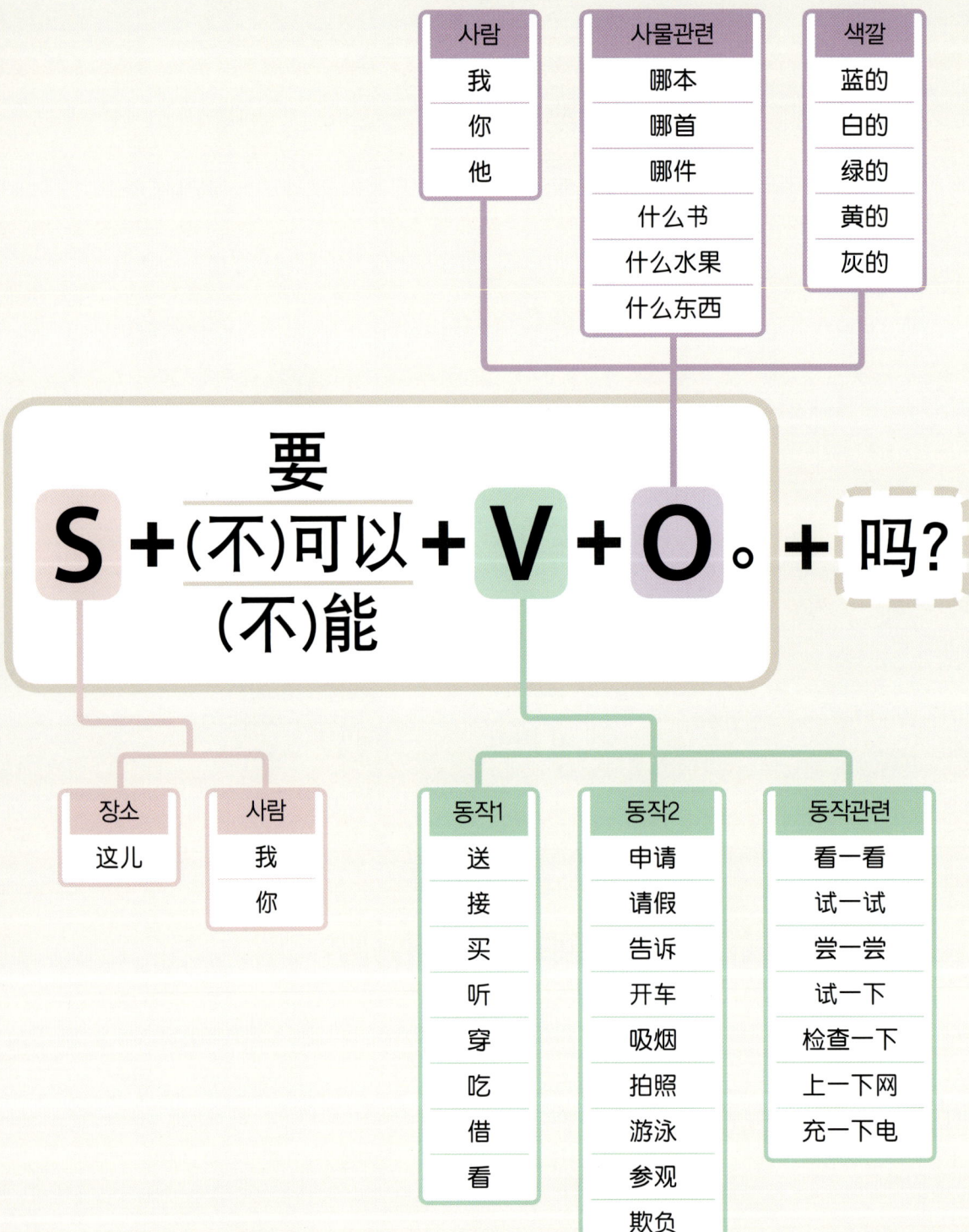

> **Let's Play** 중국의 경극에 대해 알아 보고, 얼굴 분장을 꾸며 보세요!

중국의 경극(京剧 Jīngjù)

중국의 대표적인 전통극인 경극은 음악, 노래, 대사, 낭송, 연기, 춤, 무예가 혼합된 중국의 대표적인 전통 종합 공연 예술로, 베이징(北京 Běijīng)을 중심으로 발전하였다. 경극의 얼굴 분장(脸谱 liǎnpǔ)은 홍, 자주, 백, 황, 흑, 남, 초록, 분홍 등 각종 색깔로 극중 인물의 신분과 성격을 나타낸다. 홍색은 충성스러움과 용감함, 흑색은 호방함, 백색은 간악함을 의미하고, 코 주위에 두부모처럼 흰 물감을 칠하면 보잘 것없는 사람임을 의미한다.

아래의 샘플을 참고하여, 자신만의 얼굴 분장을 완성해 보세요.

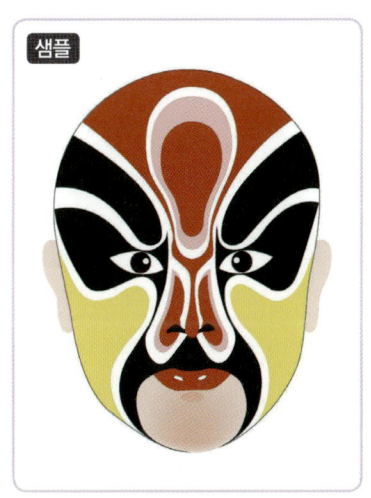

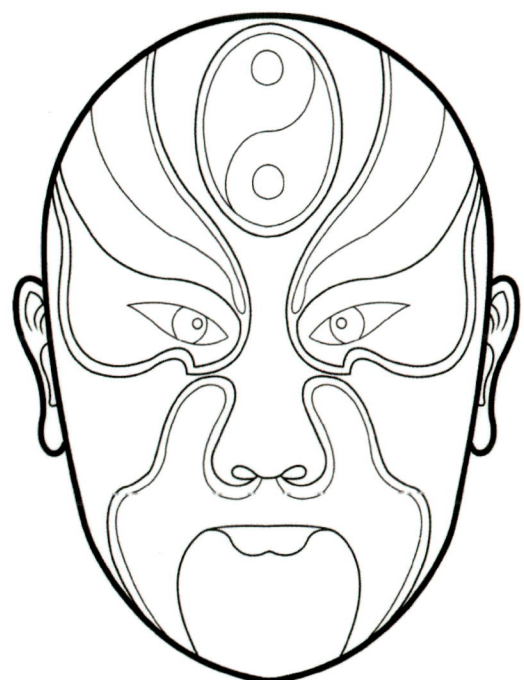

Chapter 03

你学过吗？

학습 내용

Pattern 01
Nǐ xuéguo ma?
你学过吗?

Pattern 02
Wǒ qùguo liǎng tàng.
我去过两趟。

Pattern 03
Wǒ jiāoguo tā liǎng huí.
我教过他两回。

Pattern 04
Wǒ yí tàng yě méi qùguo.
我一趟也没去过。

Pattern 01

Nǐ xuéguo ma?

Q

Nǐ xuéguo ma?

Nǐ láiguo ma?

Nǐ tīngguo ma?

Nǐ diūguo qiánbāo ma?

Nǐ qíguo mótuōchē ma?

Nǐ dǎguo pīngpāngqiú ma?

A

Wǒ xuéguo.

Wǒ méi láiguo.

你学过吗?

03-01

Q

你学过吗?	너 배운 적 있니?
你来过吗?	당신 와 본 적 있어요?
你听过吗?	당신 들어본 적 있어요?
你丢过钱包吗?	당신 지갑 잃어버려 본 적 있나요?
你骑过摩托车吗?	너 오토바이 타 본 적 있니?
你打过乒乓球吗?	너 탁구 쳐 봤니?

A

我学过。	나 배운 적 있어.
我没来过。	저는 와 본 적 없어요.

Pattern 02

Wǒ qùguo liǎng tàng.

Wǒ qùguo liǎng tàng.

Wǒ tīngguo liǎng biàn.

Wǒ chīguo jǐ cì.

Wǒ diūguo yì huí.

Wǒ bānguo sān cì jiā.

Wǒ qǐngguo liǎng cì jià.

Wǒ qùguo liǎng cì Běijīng.

Wǒ dǎguo liǎng chǎng bǐsài.

我去过两趟。

我去过两趟。	저는 두 차례 가 봤습니다.
我听过两遍。	난 두 번 들어봤어.
我吃过几次。	저는 몇 번 먹어 봤습니다.
我丢过一回。	저는 한 번 잃어버린 적이 있어요.
我搬过三次家。	나는 이사를 세 차례 했었어.
我请过两次假。	저는 휴가를 두 번 냈었습니다.
我去过两次北京。	나는 베이징에 두 번 가 본 적이 있어.
我打过两场比赛。	저는 경기를 두 차례 치른 적이 있어요.

Pattern 03

Wǒ jiāoguo tā liǎng huí.

Wǒ jiāoguo tā liǎng huí.

Wǒ jiànguo tā liǎng huí.

Wǒ zhǎoguo nǐ jǐ cì.

Wǒ wènguo tā liǎng biàn.

Wǒ bāngguo tā yí cì.

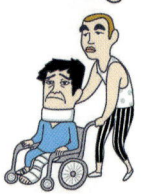
Wǒ piànguo tā yí cì.

Wǒ jiāoguo tā liǎng huí Hànyǔ.

Wǒ jièguo tā jǐ cì qián.

Pattern 03 我教过他两回。

我教过他两回。	저는 그를 두 번 가르쳐 본 적 있습니다.
我见过他两回。	나는 그를 두 번 만난 적 있다.
我找过你几次。	내가 너를 몇 차례 찾았었어.
我问过他两遍。	내가 그에게 두 번 물어봤었다.
我帮过他一次。	제가 그를 한 차례 도와준 적이 있어요.
我骗过他一次。	내가 그를 한 번 속인 적이 있어.
我教过他两回汉语。	저는 그에게 중국어를 두 번 가르쳤던 적이 있습니다.
我借过他几次钱。	내가 그에게 돈을 몇 차례 빌려준 적이 있어.

Pattern 04

Wǒ yí tàng yě méi qùguo.

Wǒ yí tàng yě méi qùguo.

Wǒ yí biàn yě méi tīngguo.

Wǒ yí cì yě méi chīguo.

Wǒ yì kǒu yě méi chīguo.

Wǒ yì huí yě méi diūguo.

Wǒ yì chǎng yě méi kànguo.

Shànghǎi wǒ yí cì yě méi qùguo.

Wǒ cónglái méi qùguo Chóngqìng.

我一趟也没去过。

03-04

我一趟也没去过。	저는 한 번도 가 본 적이 없어요.
我一遍也没听过。	난 한 번도 들어본 적 없어.
我一次也没吃过。	저는 한 번도 먹어 본 적이 없습니다.
我一口也没吃过。	난 한 입도 먹어 본 적 없다.
我一回也没丢过。	난 한 번도 잃어버려 본 적 없다.
我一场也没看过。	저는 한 차례도 본 적 없어요.

T

上海我一次也没去过。	상하이에 나는 한 번도 가본 적 없어.
我从来没去过重庆。	난 이제껏 충칭에 가 본 적이 없다.

Rhythmic Chinese

앞에서 배운 내용을 박자에 맞게 신나게 읽어 보세요!

03-05

北京，北京，   Běijīng, Běijīng,
你去过吗？你去过吗？   nǐ qùguo ma? Nǐ qùguo ma?
去过，去过。   Qùguo, qùguo.
去过几次？去过几次？   Qùguo jǐ cì? Qùguo jǐ cì?
一次，两次，   Yí cì, liǎng cì,
我去过一两次。   wǒ qùguo yì liǎng cì.

荔枝，荔枝，   Lìzhī, lìzhī,
你吃过吗？你吃过吗？   nǐ chīguo ma? Nǐ chīguo ma?
吃过，吃过。   Chīguo, chīguo.
吃过几次？吃过几次？   Chīguo jǐ cì? Chīguo jǐ cì?
两次，三次，   Liǎng cì, sān cì,
我吃过两三次。   wǒ chīguo liǎng sān cì.

上海，上海，   Shànghǎi, Shànghǎi,
你去过吗？你去过吗？   nǐ qùguo ma? Nǐ qùguo ma?
没去过，没去过，   Méi qùguo, méi qùguo,
我一次都没去过。   wǒ yí cì dōu méi qùguo.

啤酒，啤酒，   Píjiǔ, píjiǔ,
你喝过吗？你喝过吗？   nǐ hēguo ma? Nǐ hēguo ma?
没喝过，没喝过，   Méi hēguo, méi hēguo,
我一次都没喝过。   wǒ yí cì dōu méi hēguo.

Preview Toon 미리 대화 내용을 읽어 보고 어떤 내용이 나올지 짐작해 보세요!

Dialogue

회화의 한어병음과 한자를 정확하게 읽어 보세요.

A Nǐ liànguo yújiā ma?

B Wǒ shēntǐ róurènxìng tài chà, yí cì yě méi liànguo.

A Róurènxìng chà, jiù gèng xūyào liàn yújiā a.

B Wǒ yě xiǎngguo qù xué yújiā, kěshì yòu pà xué de bù hǎo.

A Rúguǒ nǐ xiǎng xué, wǒ kěyǐ dài nǐ qù shì yíxià.

B Zhēn de ma? Nà wǒ jiù qù shìshi?

Dialogue

03-06

A 你练过瑜伽吗?

B 我身体柔韧性太差[T]，一次也没练过。

A 柔韧性差，就更需要练瑜伽啊。

B 我也想过去学瑜伽，可是又怕[T]学得不好。

A 如果[G]你想学，我可以带你去试一下。

B 真的吗？那我就去试试[G]?

여기서 '差'는 '부족하다', '모자라다', '표준에 미치지 못하다'라는 의미의 형용사이다.
예 学习成绩太差。 학업 성적이 너무 떨어져.

여기서 '怕'는 '염려하다', '걱정이 되다'라는 의미의 동사로 쓰였다.
예 我怕去得太晚。
제가 너무 늦게 갈까 봐 걱정돼요.

A 너 요가 해 본 적 있어?
B 난 몸의 유연성이 너무 떨어져서 한 번도 해 본 적이 없어.
A 유연성이 떨어진다면, 더욱 더 요가를 할 필요가 있어.
B 나도 요가를 배우러 가 보고 싶었어. 그런데 또 잘 못 배울 것 같아 걱정돼.
A 만약 네가 배우고 싶다면, 내가 너를 데리고 가서 한번 해 볼 수 있어.
B 정말? 그럼 나 한번 가서 해 볼까?

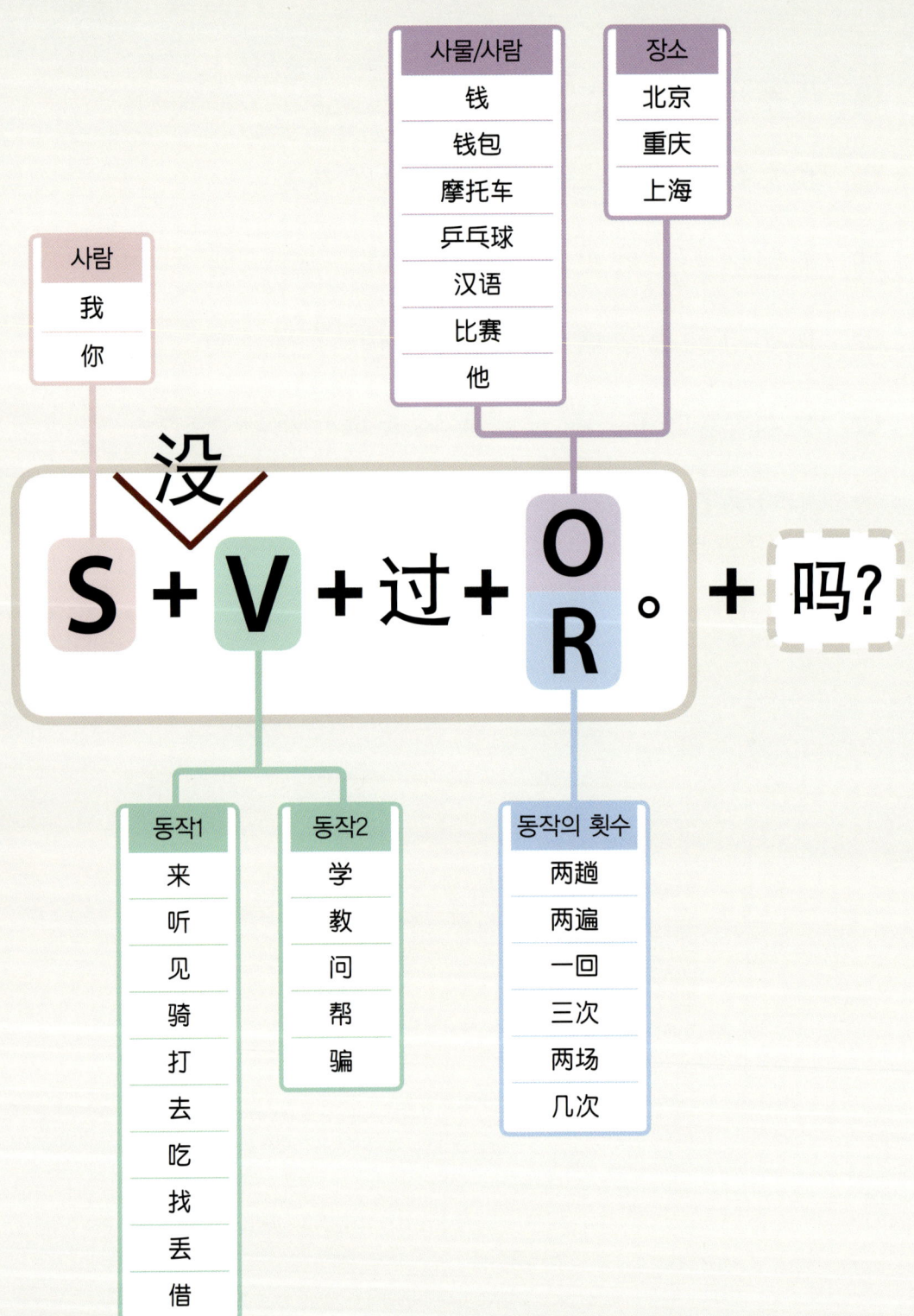

Let's Play

중국어 유머(幽默)를 읽고 크게 웃어 보세요!

幽默 1

阿明从超市买了三瓶果汁。回家的路上，他见到了李阿姨和她的儿子小亮。阿明拿了一瓶果汁，给小亮。李阿姨问儿子："哥哥给你果汁，你应该说什么？"小亮看了看果汁，对阿明说："吸管呢？"

Āmíng cóng chāoshì mǎi le sān píng guǒzhī. Huíjiā de lù shàng, tā jiàndào le Lǐ āyí hé tā de érzi Xiǎo Liàng. Āmíng ná le yì píng guǒzhī, gěi Xiǎo Liàng. Lǐ āyí wèn érzi: "Gēge gěi nǐ guǒzhī, nǐ yīnggāi shuō shénme?" Xiǎo Liàng kàn le kàn guǒzhī, duì Āmíng shuō: "Xīguǎn ne?"

단어
幽默 yōumò 유머
阿明 Āmíng 사람 이름
阿姨 āyí 아주머니, 이모 [친척이 아닌 어머니 또래의 여자를 부르는 말]
小亮 Xiǎo Liàng 사람 이름
吸管 xīguǎn 빨대

유머 1

아밍은 마트에서 주스 세 병을 샀다. 집으로 돌아가는 길에 이씨 아주머니와 그녀의 아들 샤오량을 만났다. 아밍은 주스 한 병을 들어 샤오량에게 건넸다. 아주머니는 아들에게 "형이 너한테 주스를 줬는데 뭐라고 해야 할까?"라고 물었다. 샤오량은 주스를 한번 보더니, 아밍에게 "빨대는요?"라고 물었다.

Chapter 04

灯亮着。

학습 내용

 **Pattern 01**
Dēng liàngzhe.
灯亮着。

 **Pattern 02**
Qiáng shàng guàzhe yì fú huà.
墙上挂着一幅画。

 **Pattern 03**
Tā tīngzhe yīnyuè.
他听着音乐。

 **Pattern 04**
Tā tǎngzhe kàn diànshì.
他躺着看电视。

Pattern 01

Dēng liàngzhe.

Dēng liàngzhe.

Jiǎo guāngzhe.

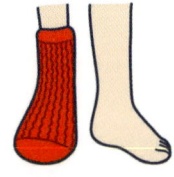
Mén kāizhe.

Chuānghu guānzhe.

Huā kāizhe.

Chē tíngzhe.

Yīfu duīzhe.

Diànnǎo kāizhe.

灯亮着。

灯亮着。 　　　　　　　　　　　불(등)이 켜져 있다.

脚光着。 　　　　　　　　　　　발이 벗겨져 있다. (맨발이다.)

门开着。 　　　　　　　　　　　문이 열려 있어요.

窗户关着。 　　　　　　　　　　창문이 닫혀 있습니다.

花开着。 　　　　　　　　　　　꽃이 피어 있네.

车停着。 　　　　　　　　　　　차가 서 있다.

衣服堆着。 　　　　　　　　　　옷이 쌓여 있다.

电脑开着。 　　　　　　　　　　컴퓨터가 켜져 있어요.

Pattern 02

Qiáng shàng guàzhe yì fú huà.

Qiáng shàng guàzhe yì fú huà.

Qiánmiàn tíngzhe yí liàng chē.

Hòumiàn zhànzhe yí ge rén.

Wū li zuòzhe wǔ ge rén.

Mén shàng tiēzhe yì zhāng zhǐ.

Chuáng xià duīzhe yì duī lājī.

Zhuōzi shàng fàngzhe yì zhī bǐ.

Chōuti li fàngzhe yí ge chuīfēngjī.

墙上挂着一幅画。

墙上挂着一幅画。	벽에 그림이 한 폭 걸려 있어요.
前面停着一辆车。	앞쪽에 차가 한 대 세워져 있어.
后面站着一个人。	뒤쪽에 사람이 한 명 서 있다.
屋里坐着五个人。	방 안에 다섯 사람이 앉아 있습니다.
门上贴着一张纸。	문에 종이가 한 장 붙여져 있다.
床下堆着一堆垃圾。	침대 밑에 쓰레기가 한 무더기 쌓여 있다.
桌子上放着一支笔。	책상 위에 연필 한 자루가 놓여 있어.
抽屉里放着一个吹风机。	서랍 안에 헤어드라이어 한 개가 놓여 있다.

Pattern 03

Tā tīngzhe yīnyuè.

Tā tīngzhe yīnyuè.

Tā kànzhe diànshì.

Dìdi tīzhe zúqiú.

Jiějie názhe kāfēi.

Tā zāzhe tóufa.

Xiǎo Lǐ dàizhe màozi.

Mèimei bēizhe shūbāo.

Bàba chuānzhe xīzhuāng.

他听着音乐。

他听着音乐。	그는 음악을 듣고 있어.
她看着电视。	그녀가 텔레비전을 보고 있습니다.
弟弟踢着足球。	남동생이 공을 차고 있다.
姐姐拿着咖啡。	언니(누나)가 커피를 들고 있어요.
她扎着头发。	그녀가 머리를 묶고 있어요.
小李戴着帽子。	샤오리가 모자를 쓰고 있다.
妹妹背着书包。	여동생이 책가방을 메고 있어.
爸爸穿着西装。	아버지께서 양복을 입고 계십니다.

Pattern 04

Tā tǎngzhe kàn diànshì.

Tā tǎngzhe kàn diànshì.

Tā zhànzhe tīng yīnyuè.

Tā zuòzhe xiě zuòyè.

Māma zhànzhe dǎ diànhuà.

Xiǎo Lǐ xiàozhe shuō xièxie.

Mèimei kūzhe zhǎo māma.

Māma liúzhe yǎnlèi kàn diànyǐng.

Bàba tīngzhe yīnyuè kàn bàozhǐ.

他躺着看电视。

04-04

他躺着看电视。	그가 누워서(누운 채로) 텔레비전을 본다.
他站着听音乐。	그가 서서(선 채로) 음악을 들어.
他坐着写作业。	그가 앉아서(앉은 채로) 숙제를 써요(해요).
妈妈站着打电话。	엄마가 서서(선 채로) 전화를 하신다.
小李笑着说谢谢。	샤오리가 웃으며 감사하다고 말해요.
妹妹哭着找妈妈。	여동생이 울면서 엄마를 찾아.

T

妈妈流着眼泪看电影。	엄마가 눈물을 흘리며 영화를 보신다.
爸爸听着音乐看报纸。	아빠가 음악을 들으며 신문을 보십니다.

Rhythmic Chinese

앞에서 배운 내용을 박자에 맞게 신나게 읽어 보세요!

门上贴着什么?   Mén shàng tiēzhe shénme?
门上贴着纸。   Mén shàng tiēzhe zhǐ.
纸上写着什么?   Zhǐ shàng xiězhe shénme?
纸上写着"福"。   Zhǐ shàng xiězhe "fú".

墙上挂着什么?   Qiáng shàng guàzhe shénme?
墙上挂着画。   Qiáng shàng guàzhe huà.
画上画着什么?   Huà shàng huàzhe shénme?
画上画着"龙"。   Huà shàng huàzhe "lóng".

前面停着什么?   Qiánmiàn tíngzhe shénme?
前面停着车。   Qiánmiàn tíngzhe chē.
车上写着什么?   Chē shàng xiězhe shénme?
车上写着"租"。   Chē shàng xiězhe "zū".

桌上放着什么?   Zhuō shàng fàngzhe shénme?
桌上放着包。   Zhuō shàng fàngzhe bāo.
包里装着什么?   Bāo li zhuāngzhe shénme?
包里装着"钱"。   Bāo li zhuāngzhe "qián".

Preview Toon 미리 대화 내용을 읽어 보고 어떤 내용이 나올지 짐작해 보세요!

Dialogue

회화의 한어병음과 한자를 정확하게 읽어 보세요.

A Mén zěnme kāizhe?

B Gāngcái jìn wū de shíhou, wàng guān le.

A Nǐ kàn wǒ zhè jiàn yīfu zěnmeyàng?

B Tǐng hǎokàn de, xīn mǎi de?

A Ǹg, gāng qù bǎihuòshāngdiàn mǎi de.
Míngtiān wǒ dǎsuàn chuānzhe qù miànshì.

B Zhù nǐ hǎo yùn!

A Xièxie. Nǐ zěnme yòu tǎngzhe kàn shū a?
Kuài qǐlái ba!

Dialogue

04-06

Ⓐ 门怎么^G 开着?

Ⓑ 刚才进屋的时候^G,忘关了。

Ⓐ 你看我这件衣服怎么样?

Ⓑ 挺好看的^G,新买的?

Ⓐ 嗯,刚去百货商店买的。明天我打算穿着去面试。

Ⓑ 祝你好运^T!

Ⓐ 谢谢。你怎么又躺着看书啊?快起来吧!

> '행운을 빕니다!'라는 의미의 관용어구로 자주 사용되는 표현이다. '祝你…' 뒤로 축원의 내용을 넣으면 된다.
> 예 祝你一路平安! 평안한 여행길 되길 바란다! (잘 다녀와!)
> 祝你生日快乐! 생일 축하해!

Ⓐ 문이 왜 열려 있지?
Ⓑ 방금 집에 들어올 때, 닫는 것을 잊었어.
Ⓐ 네가 보기엔 내 이 옷 어때?
Ⓑ 아주 예쁜데, 새로 산 거야?
Ⓐ 응, 방금 백화점에 가서 산 거야. 내일 나 (이거) 입고 면접 보러 갈 생각이야.
Ⓑ 행운을 빌어!
Ⓐ 고마워. 너 왜 또 누워서 책을 보고 있어? 빨리 일어나!

Word Map

이번 챕터에서 배운 내용을 한눈에 정리해 보세요.

$$S + V + 着 + \begin{matrix} O \\ V+O \end{matrix}。$$

사물: 灯, 脚, 门, 花, 窗户, 衣服

장소: 墙上, 门上, 桌子上, 抽屉里, 屋里, 前面

사람: 他, 她, 爸爸, 妈妈, 妹妹, 小李

사물/사람의 수량: 一幅画, 一辆车, 一张纸, 一堆垃圾, 一个吹风机, 五个人

사물: 电视, 头发, 帽子, 书包, 西装

상태: 亮, 光, 开, 关, 堆, 挂, 停, 坐, 站, 躺, 贴, 放

동작: 看, 扎, 戴, 背, 穿, 笑, 哭

동작관련: 看+电视, 看+电影, 听+音乐, 写+作业, 说+谢谢, 找+妈妈

> **Let's Play** 한시(漢詩)를 읽어 봅시다!

静夜思 Jìng yè sī

- 李白 Lǐ Bái -

床前明月光,
Chuáng qián míng yuèguāng,

疑是地上霜。
yí shì dìshàng shuāng.

举头望明月,
Jǔ tóu wàng míngyuè,

低头思故乡。
dī tóu sī gùxiāng.

정야사   - 이백 -

짐상 앞으로 흐르는 밝은 달빛,
땅에 내린 서리 아닌가 생각하였네.
고개 들어 밝은 달을 바라보고,
머리 숙여 고향을 그리워하네.

Chapter 05

我在医院上班。

학습 내용

 Wǒ zài yīyuàn shàngbān.
我在医院上班。

 Wǒ zài mǎi cài ne.
我在买菜呢。

 Wǒ (zhèng)zài lǚxíng ne.
我(正)在旅行呢。

Pattern 01

Wǒ zài yīyuàn shàngbān.

Wǒ zài yīyuàn shàngbān.

Wǒ zài qiúchǎng dǎ lánqiú.

Wǒ zài gōngsī shíxí.

Wǒ zài shūfáng xuéxí.

Wǒ zài shítáng chīfàn.

Māma zài shìchǎng mǎi cài.

Bàba zài chúfáng zuò fàn.

Yéye zài gōngyuán sànbù.

我在医院上班。

05-01

我在医院上班。	저는 병원에서 근무합니다.
我在球场打篮球。	나는 운동장에서 농구를 해.
我在公司实习。	나는 회사에서 인턴십을 해요.
我在书房学习。	저는 서재에서 공부를 해요.
我在食堂吃饭。	나는 식당에서 밥 먹어.
妈妈在市场买菜。	엄마는 시장에서 장을 보십니다.
爸爸在厨房做饭。	아빠가 부엌에서 밥을 하세요.
爷爷在公园散步。	할아버지는 공원에서 산책을 하신다.

Pattern 02

Wǒ zài mǎi cài ne.

Wǒ zài mǎi cài ne.

Wǒ zài pǎobù ne.

Wǒ zài tī qiú ne.

Wǒ zài jì xiédài ne.

Bàba zài kàn bàozhǐ ne.

Māma zài mǎi dōngxi ne.

Nǎinai zài duànliàn shēntǐ ne.

Xiǎo Lǐ zài zhǔnbèi kǎoshì ne.

我在买菜呢。

05-02

我在买菜呢。	저는 장을 보고 있습니다.
我在跑步呢。	나는 조깅하는 중이야.
我在踢球呢。	저는 공을 차고 있어요.
我在系鞋带呢。	나는 신발 끈을 매고 있는 중이야.
爸爸在看报纸呢。	아빠는 신문을 보고 계세요.
妈妈在买东西呢。	엄마는 물건을 사고 있어.
奶奶在锻炼身体呢。	할머니는 신체 단련 중이세요.
小李在准备考试呢。	샤오리는 시험을 준비하고 있어.

Pattern 03

Wǒ (zhèng)zài lǚxíng ne.

Wǒ (zhèng)zài lǚxíng ne.

Wǒ (zhèng)zài jùcān ne.

Wǒ (zhèng)zài dǎ lánqiú ne.

Wǒ (zhèng)zài xiě bàogào ne.

Wǒ zhèng(zài) kāihuì ne.

Wǒ zhèng(zài) chūchāi ne.

T
Wǒ lǚxíng ne.

Wǒ kāihuì ne.

我(正)在旅行呢。

我(正)在旅行呢。 저는 여행 중입니다.

我(正)在聚餐呢。 나는 지금 회식 중이야.

我(正)在打篮球呢。 나 지금 농구하는 중이야.

我(正)在写报告呢。 저는 지금 보고서를 쓰고 있는 중입니다.

我正(在)开会呢。 제가 지금 회의 중입니다.

我正(在)出差呢。 내가 지금 출장 중이야.

T

我旅行呢。 저는 여행 중입니다.

我开会呢。 제가 회의 중입니다.

Rhythmic Chinese

앞에서 배운 내용을 박자에 맞게 신나게 읽어 보세요!

喂，喂，喂，	Wéi, wéi, wéi,
你猜我是谁？	nǐ cāi wǒ shì shéi?
你是我小妹。	Nǐ shì wǒ xiǎomèi.
对，对，对。	Duì, duì, duì.
你在学习吗？	Nǐ zài xuéxí ma?
我没在学习。	Wǒ méi zài xuéxí.
你在休息吗？	Nǐ zài xiūxi ma?
我没在休息。	Wǒ méi zài xiūxi.
你在干什么？	Nǐ zài gàn shénme?
我在玩儿游戏！	Wǒ zài wánr yóuxì!

喂，喂，喂，	Wéi, wéi, wéi,
你猜我是谁？	nǐ cāi wǒ shì shéi?
你是我小弟。	Nǐ shì wǒ xiǎodì.
对，对，对。	Duì, duì, duì.
你在工作吗？	Nǐ zài gōngzuò ma?
我没在工作。	Wǒ méi zài gōngzuò.
你在运动吗？	Nǐ zài yùndòng ma?
我没在运动。	Wǒ méi zài yùndòng.
你在干什么？	Nǐ zài gàn shénme?
我看电视呢！	Wǒ kàn diànshì ne!

Preview Toon 미리 대화 내용을 읽어 보고 어떤 내용이 나올지 짐작해 보세요!

Dialogue

회화의 한어병음과 한자를 정확하게 읽어 보세요.

A Wéi, mā, nín zài zuò shénme ne?

B Wǒ zài xǐ wǎn ne, zěnme le?

A Wǒ chū mén de shíhou wàng dài fànhé le.

B Fànhé zài nǎr ne?

A Zài zhuōzi shàng.

B Nà nǐ děng yíxià, wǒ xiànzài xià lóu.

A Hǎo de, wǒ zài tíngchēchǎng děng nǐ.

Dialogue

05-05

A 喂，妈，您在做什么呢？

B 我在洗碗呢，怎么了?

> 여기서 '怎么了?'는 '왜 그래?', '무슨 일인데?'라는 의미를 나타낸다.
> 예 你这是怎么了？ 너 이게 무슨 일이야?

A 我出门的时候忘带饭盒了。

B 饭盒在哪儿呢？

A 在桌子上。

B 那你等一下，我现在下楼。

A 好的，我在停车场等你。

> '好的'는 '좋아요', '좋습니다'의 의미로 상대방의 의견에 동의한다는 표현이다.
> 예 好的，马上就好！ 오케이, 금방 됩니다!

A 여보세요? 엄마, 지금 뭐하고 계세요?
B 엄마 설거지 하고 있는 중인데, 왜?
A 제가 나올 때 도시락 가지고 오는 것을 잊었어요.
B 도시락 어디에 뒀는데?
A 책상 위에요.
B 그럼 (너) 잠깐 기다려, 엄마가 지금 내려갈게.
A 좋아요, 제가 주차장에서 (당신을) 기다릴게요.

Double Check! 다음 심화단어를 학습한 후 패턴에 맞춰 이야기해 보세요.

	jiābān	加班	동 야근하다, 초과근무하다
	dǎsǎo	打扫	동 청소하다
	jiǎnféi	减肥	동 다이어트하다
	kǎolǜ	考虑	동 고려하다, 생각하다
	fàngjià	放假	동 휴가로 쉬다, 방학하다
	liúxíng	流行	동 유행하다

☑ **Finish!** 다음 문장을 중국어로 바꿔 말해 보세요.

❶ 학교는 지금 방학 중이다. ❷ 나는 지금 갈지 말지 생각 중이에요.
❸ 저는 지금 다이어트 중입니다. ❹ 이런 스타일이 지금 유행이야.

05-06

Wǒ zài gōngsī jiābān ne.	我在公司加班呢。	나 회사에서 야근 중이야.
Wǒ zài jiā dǎsǎo fángjiān ne.	我在家打扫房间呢。	나 집에서 방 청소 중이야.
Wǒ zhèngzài jiǎnféi ne.	我正在减肥呢。	저는 지금 다이어트 중입니다.
Wǒ zhèngzài kǎolǜ qù bu qù ne.	我正在考虑去不去呢。	나는 지금 갈지 말지 생각 중이에요.
Xuéxiào zhèngzài fàngjià.	学校正在放假。	학교는 지금 방학 중이다.
Zhè zhǒng kuǎnshì zhèngzài liúxíng.	这种款式正在流行。	이런 스타일이 지금 유행이야.

Word Map
이번 챕터에서 배운 내용을 한눈에 정리해 보세요.

사람
- 我
- 爸爸
- 妈妈
- 爷爷
- 奶奶
- 小李

장소/사물
- 学校
- 这种款式

在개 + 장소
- 在+球场
- 在+书房
- 在+食堂
- 在+公园
- 在+停车场

S + 在개/부 / 正在부 / 正부 + V (呢)。 + 吗?

동작
- 实习
- 聚餐
- 出差
- 散步
- 跑步
- 加班
- 减肥
- 考虑
- 放假
- 流行

동작관련
- 买+菜
- 洗+碗
- 踢+球
- 打+篮球
- 系+鞋带
- 看+报纸
- 写+报告
- 锻炼+身体
- 准备+考试
- 打扫+房间

 **Let's Play** 중국 전통민요를 불러 보세요!

好一朵美丽的茉莉花
Hǎo yì duǒ měilì de mòlìhuā

好一朵美丽的茉莉花。
Hǎo yì duǒ měilì de mòlìhuā.

好一朵美丽的茉莉花。
Hǎo yì duǒ měilì de mòlìhuā.

芬芳美丽满枝桠，
Fēnfāng měilì mǎn zhīyā,

又香又白人人夸。
yòu xiāng yòu bái rénrén kuā.

让我来将你摘下，送给别人家。
Ràng wǒ lái jiāng nǐ zhāixià, sòng gěi biérén jiā.

茉莉花呀，茉莉花。
Mòlìhuā ya, mòlìhuā.

너무 예쁜 재스민 꽃 한 송이

너무 예쁜 재스민 꽃 한 송이,
너무 예쁜 재스민 꽃 한 송이,
가지마다 향기롭고 고와라.
희고 고운 향기에 모든 이가 빠져드네.
한 송이 꺾어 선물해야지.
재스민 꽃, 재스민 꽃.

Chapter 06

他比我高。

학습 내용

 **Pattern 01**
Tā bǐ wǒ gāo.
他比我高。

 **Pattern 02**
Tā méiyǒu wǒ gāo.
他没有我高。

 **Pattern 03**
Tā de shēngāo gēn wǒ yíyàng.
他的身高跟我一样。

Pattern 01

Tā bǐ wǒ gāo.

Tā bǐ wǒ gāo.

Tā bǐ wǒ hái gāo.

Tā bǐ wǒ gèng gāo.

Tā bǐ wǒ gāo yìdiǎnr.

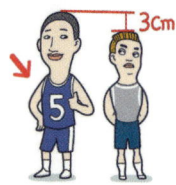
Tā bǐ wǒ gāo sān límǐ.

Tā bǐ wǒ gāo hěn duō.

Wǒ bǐ tā shòu duō le.

Wǒ bǐ tā zuò de hǎo.

他比我高。

06-01

他比我高。	그가 나보다 커.
他比我还高。	그가 나보다 더 큽니다.
他比我更高。	그가 나보다 훨씬 크다.
他比我高一点儿。	그는 나보다 약간 커요.
他比我高三厘米。	그는 나보다 3센티미터 커.
他比我高很多。	그는 나보다 많이 큽니다.
我比他瘦多了。	내가 그보다 훨씬 말랐어요.
我比他做得好。	내가 그보다 잘해.

Pattern 02

Tā méiyǒu wǒ gāo.

Tā méiyǒu wǒ gāo.

Tā méiyǒu wǒ pàng.

Tā méiyǒu wǒ shòu.

Wǒ méiyǒu tā qínkuai.

Wǒ méiyǒu tā rènzhēn.

Wǒ méiyǒu tā chéngshí.

T

Wǒ méiyǒu nǐ pǎo de kuài.

Wǒ méiyǒu nǐ shuō de liúlì.

他没有我高。

他没有我高。	그는 나만큼 크지 않아.
他没有我胖。	그는 나만큼 뚱뚱하지 않다.
他没有我瘦。	그는 나만큼 마르지 않았습니다.
我没有她勤快。	나는 그녀만큼 부지런하지 않아요.
我没有她认真。	나는 그녀만큼 진지하지 않아.
我没有她诚实。	나는 그녀만큼 성실하지 않아요.
我没有你跑得快。	나는 너만큼 빨리 뛰지 못해.
我没有你说得流利。	나는 당신만큼 유창하게 말하지 못해요.

Pattern 03
Tā de shēngāo gēn wǒ yíyàng.

Tā de shēngāo gēn wǒ yíyàng.

Tā de tǐzhòng gēn wǒ yíyàng.

Wǒ péngyou de xīngzuò gēn wǒ yíyàng.

Wǒ érzi de xìnggé gēn wǒ yíyàng.

Jīntiān gēn zuótiān yíyàng lěng.

Mèimei gēn dìdi yíyàng táo.

Zuǒjiǎo gēn yòujiǎo bù yíyàng dà.

Zuǒtuǐ gēn yòutuǐ bù yíyàng cháng.

他的身高跟我一样。

06-03

他的身高跟我一样。	그의 키는 나와 같아.
他的体重跟我一样。	그의 몸무게는 저와 같습니다.
我朋友的星座跟我一样。	내 친구의 별자리는 나와 같아요.
我儿子的性格跟我一样。	내 아들의 성격은 나와 같다.
今天跟昨天一样冷。	오늘은 어제와 똑같이 춥네.
妹妹跟弟弟一样淘。	여동생은 남동생과 똑같이 장난이 심해요.
左脚跟右脚不一样大。	왼발은 오른발과 똑같이 크지 않다. (왼발은 오른발과 크기가 똑같지 않다.)
左腿跟右腿不一样长。	왼다리는 오른다리와 똑같이 길지 않다. (왼다리는 오른다리와 길이가 똑같지 않다.)

Rhythmic Chinese

앞에서 배운 내용을 박자에 맞게 신나게 읽어 보세요!

他勤快，他勤快！　　　Tā qínkuai, tā qínkuai!
比我勤快，比你勤快。　Bǐ wǒ qínkuai, bǐ nǐ qínkuai.
我们都没他勤快。　　　Wǒmen dōu méi tā qínkuai.

她努力，她努力！　　　Tā nǔlì, tā nǔlì!
比我努力，比你努力。　Bǐ wǒ nǔlì, bǐ nǐ nǔlì.
我们都没她努力。　　　Wǒmen dōu méi tā nǔlì.

他很帅，他很帅！　　　Tā hěn shuài, tā hěn shuài!
比我更帅，比你还帅。　Bǐ wǒ gèng shuài, bǐ nǐ hái shuài.
我们都没有他帅。　　　Wǒmen dōu méiyǒu tā shuài.

她很高，她很高！　　　Tā hěn gāo, tā hěn gāo!
比我更高，比你还高。　Bǐ wǒ gèng gāo, bǐ nǐ hái gāo.
我们都没有她高。　　　Wǒmen dōu méiyǒu tā gāo.

Preview Toon 미리 대화 내용을 읽어 보고 어떤 내용이 나올지 짐작해 보세요!

Dialogue

회화의 한어병음과 한자를 정확하게 읽어 보세요.

A Qiántiān nǐ shì bu shì hé yí wèi měinǚ yìqǐ huíjiā le?
Kuài shuō! Tā shì shéi?

B Shénme a? Tā shì wǒ mèimei.

A Shì ma?
Nǐmen liǎ zhǎng de bú xiàng, yǐwéi shì nǐ nǚpéngyou ne.

B Wǒ nǚpéngyou bǐ tā piàoliang duō le.

A Nǐ nǚpéngyou yě huì shuō Hànyǔ ma?

B Tā Hànyǔ shuō de hěn hǎo.
Wǒ de Hànyǔ méiyǒu tā shuō de liúlì.

Dialogue

A 前天你是不是和一位美女一起回家了?
快说！她是谁?

B 什么啊？她是我妹妹。

A 是吗？你们俩长得不像，以为是你女朋友呢。

B 我女朋友比她漂亮多了。

A 你女朋友也会说汉语吗？

B 她汉语说得很好。我的汉语没有她说得流利。

A 그저께 너 어떤 미녀와 같이 집에 갔지? 빨리 말해! (그녀는) 누구야?
B 뭐? 그녀는 내 여동생이야.
A 정말? 너희 두 사람 생긴 게 안 닮아서 네 여자친구라고 생각했어.
B 내 여자친구는 그녀보다(내 동생보다) 훨씬 더 예쁘거든?
A 네 여자친구도 중국어 할 줄 알아?
B 그녀는 중국어 잘해. 나의 중국어는 그녀만큼 유창하지 못하지.

Double Check! 다음 심화단어를 학습한 후 패턴에 맞춰 이야기해 보세요.

	jiànkāng	健康	형 건강하다
	kělián	可怜	형 불쌍하다
	niánqīng	年轻	형 젊다
	jiǎndān	简单	형 간단하다
	shūfu	舒服	형 편안하다
	ānjìng	安静	형 조용하다

✅ **Finish!** 아래 문장을 중국어로 바꿔 말해 보세요.

① 서점이 도서관 같이 조용하네.
② 이것은 저것만큼 간단하지 않아요.
③ 나는 너만큼 젊지 않아.
④ 할머니께서는 나보다 더 건강하시다.

Nǎinai bǐ wǒ hái jiànkāng.	奶奶比我还健康。	할머니께서는 나보다 더 건강하시다.
Wǒ bǐ nǐ gèng kělián.	我比你更可怜。	내가 너보다 훨씬 불쌍해.
Wǒ méiyǒu nǐ niánqīng.	我没有你年轻。	나는 너만큼 젊지 않아.
Zhège méiyǒu nàge jiǎndān.	这个没有那个简单。	이것은 저것만큼 간단하지 않아요.
Jiǔdiàn gēn jiā li yíyàng shūfu.	酒店跟家里一样舒服。	호텔이 집처럼 편안하네.
Shūdiàn gēn túshūguǎn yíyàng ānjìng.	书店跟图书馆一样安静。	서점이 도서관 같이 조용하네.

Word Map
이번 챕터에서 배운 내용을 한눈에 정리해 보세요.

사람	신체	장소	기타
我	身高	酒店	星座
他	体重	家里	性格
她	左脚	书店	今天
妹妹	右脚	图书馆	昨天
弟弟	左腿		这个
奶奶	右腿		那个
儿子			
朋友			

$$S + \frac{比}{没有} + O + A。$$

비교 결과1	비교 결과2
高	勤快
瘦	认真
胖	诚实
冷	健康
大	可怜
长	年轻
淘	简单
	舒服
	安静

> **Let's Play** 중국 드라마를 시청해 보세요!

중국 드라마 《致我们单纯的小美好》

온라인에서 핫! 했던 중국 드라마 《致我们单纯的小美好 Zhì wǒmen dānchún de xiǎo měihǎo》의 명대사를 비교문 '比'에 유의하며 직접 익혀 보세요!

一辈子那么长，我才不会只喜欢你一个人，
Yíbèizi nàme cháng, wǒ cái bú huì zhǐ xǐhuan nǐ yí ge rén,
한평생이 그렇게 기니, 난 너만 좋아하지는 않을 거였는데,

一辈子那么长，没想到我真的只喜欢你一个人。
yíbèizi nàme cháng, méi xiǎngdào wǒ zhēnde zhǐ xǐhuan nǐ yí ge rén.
한평생 그렇게 긴데, 내가 너 하나만을 좋아할 줄은 정말 몰랐어.

我很爱你，所以虽然这个世界上的确是有比你高，比你瘦，比你美，比你聪明、温柔、懂事的女孩子，但是都不关我的事。
Wǒ hěn ài nǐ, suǒyǐ suīrán zhège shìjiè shàng díquè shì yǒu bǐ nǐ gāo, bǐ nǐ shòu, bǐ nǐ měi, bǐ nǐ cōngming、wēnróu、dǒngshì de nǚ háizi, dànshì dōu bù guān wǒ de shì.
나는 정말로 너를 사랑해. 그래서 비록 이 세상에 너보다 더 키가 크고, 너보다 더 마르고, 너보다 더 예쁘고, 너보다 똑똑하고 상냥하며, 철이 든 여자도 틀림없이 있겠지만, 하지만 다 나와 아무 상관없어.

드라마 소개

제목	致我们单纯的小美好 (A love so beautiful, 우리의 순수했던 아름다운 그 시절에게)
형태	QQ웹드라마
주제	까칠한 천재소년과 활발하고 귀여운 소녀, 두 사람의 어린 시절 사랑 이야기
방영	2017년 11월 9일 ~ 12월 7일(총 23부작)
입상	2018년 최고의 온라인 드라마 상 수상

*이미지 출처(baidu.com)

Chapter 07

我做完了。

학습 내용

Wǒ zuòwán le.
我做完了。

Wǒ bǎ mén guān le.
我把门关了。

Wǒ méi zuòwán.
我没做完。

Pattern 01

Wǒ zuòwán le.

Wǒ zuòwán le.

Wǒ jìzhù le.

Wǒ xiěduì le.

Wǒ zhǎodào le.

Tóngshì shuōcuò le.

Lǎobǎn kàndǒng le.

Wǒ zuòwán zuòyè le.

Wǒ jìzhù mìmǎ le.

Pattern 01

我做完了。

我做完了。	저는 다 했습니다.
我记住了。	나는 확실히 다 외웠어.
我写对了。	저는 맞게 썼어요.
我找到了。	제가 찾았어요.
同事说错了。	동료가 잘못 말했어요.
老板看懂了。	사장님이 보고 이해하셨어요.

T

我做完作业了。	저는 숙제를 다 했습니다.
我记住密码了。	나는 비밀번호를 확실히 외웠어.

Pattern 02

Wǒ bǎ mén guān le.

Wǒ bǎ mén guān le.

Wǒ bǎ yào chī le.

Tā bǎ qián tuì le.

Wǒ bǎ shuǐbēi nòngdǎo le.

Tā bǎ dāncí bèiwán le.

Mìshū bǎ jīpiào dìnghǎo le.

Dìdi bǎ zuòyè xiěwán le.

Tā bǎ shìqing nòng qīngchu le.

我把门关了。

我把门关了。	제가 문을 닫았어요.
我把药吃了。	내가 약을 먹었어.
她把钱退了。	그녀가 돈을 돌려 줬어요.
我把水杯弄倒了。	제가 물컵을 엎질렀어요.
他把单词背完了。	그가 단어를 다 외웠습니다.
秘书把机票订好了。	비서가 항공권을 잘 예약했다.
弟弟把作业写完了。	남동생은 숙제를 다 썼어.(다 했어.)
他把事情弄清楚了。	그가 일을 확실히 처리했어요.

Pattern 03

Wǒ méi zuòwán.

Wǒ méi zuòwán.

Wǒ méi chīwán.

Wǒ méi xiěduì.

Dìdi méi bǎ zuòyè zuòwán.

Mìshū méi bǎ jīpiào dìnghǎo.

Tā méi bǎ yīfu xǐwán.

Tā méi bǎ bàogào xiěhǎo.

Tā méi bǎ shìqing nòng qīngchu.

我没做完。

我没做完。 저는 다 하지 않았습니다.

我没吃完。 내가 다 먹지 않았어.

我没写对。 제가 맞게 쓰지 않았어요.

弟弟没把作业做完。 남동생이 숙제를 다 하지 않았습니다.

秘书没把机票订好。 비서가 항공권을 제대로 예약하지 못했어.

他没把衣服洗完。 그가 옷을 다 빨지 않았어요.

他没把报告写好。 그가 보고서를 제대로 쓰지 않았다.

她没把事情弄清楚。 그녀가 일을 확실히 처리하지 않았어요.

Rhythmic Chinese

앞에서 배운 내용을 박자에 맞게 신나게 읽어 보세요!

你把单词背完了吗?   Nǐ bǎ dāncí bèiwán le ma?
背完了，背完了。   Bèiwán le, bèiwán le.
你把汉字写对了吗?   Nǐ bǎ hànzì xiěduì le ma?
写对了，写对了。   Xiěduì le, xiěduì le.
你把发音练好了吗?   Nǐ bǎ fāyīn liànhǎo le ma?
练好了，练好了。   Liànhǎo le, liànhǎo le.
你把作业做完了吗?   Nǐ bǎ zuòyè zuòwán le ma?
做完了，做完了。   Zuòwán le, zuòwán le.

你把单词记住了吗?   Nǐ bǎ dāncí jìzhù le ma?
没记住，没记住。   Méi jìzhù, méi jìzhù.
你把汉字写对了吗?   Nǐ bǎ hànzì xiěduì le ma?
没写对，没写对。   Méi xiěduì, méi xiěduì.
你把发音练好了吗?   Nǐ bǎ fāyīn liànhǎo le ma?
没练好，没练好。   Méi liànhǎo, méi liànhǎo.
你把作业做完了吗?   Nǐ bǎ zuòyè zuòwán le ma?
没做完，没做完。   Méi zuòwán, méi zuòwán.

Preview Toon
미리 대화 내용을 읽어 보고 어떤 내용이 나올지 짐작해 보세요!

Chapter 07. 我做完了。

Dialogue

회화의 한어병음과 한자를 정확하게 읽어 보세요.

A Jiàoliàn de yóuyǒng dòngzuò, nǐ kàn qīngchu le ma?

B Wǒ méi kàn qīngchu, tài nán le.

A Nà nǐ zài kànkan wǒ zěnme yóu.

B Wā, wǒ juéde nǐ bǐ jiàoliàn yóu de hái hǎo ne.

A Wǒ běnlái shì ge hànyāzi,
   hòulái tiāntiān liàn, cái bǎ dòngzuò liànhǎo de.

B Kànlái, jīnhòu wǒ děi duō liànxí liànxí.

Dialogue

A 教练的游泳动作，你看清楚了吗?

B 我没看清楚，太难了。

A 那你再看看我怎么游。

B 哇，我觉得你比教练游得ᴳ还好呢。

A 我本来是个旱鸭子ᵀ，后来天天练，才把动作练好的。

> '旱鸭子 hànyāzi'는 '수영을 못하는 사람', 즉 '맥주병'이라는 뜻으로 해학적 의미를 내포하고 있다.
> 예 他是个旱鸭子，不会游泳。
> 그는 맥주병이라 헤엄칠 줄 몰라.

B 看来，今后我得多练习练习。

A 코치님의 수영 동작, 너 확실히 봤어?
B 나 잘 못 봤어, 너무 어렵다.
A 그럼 너 내가 어떻게 헤엄치는지 다시 좀 봐 봐.
B 와, 내 생각엔 네가 코치님보다 더 잘 헤엄치는 것 같은데.
A 내가 원래는 맥주병이었는데, 후에 매일매일 연습해서, 겨우 동작을 잘 하게 됐어.
B 보아하니, 오늘부터 나도 연습 좀 많이 해야겠다.

✅ Double Check! 다음 심화단어를 학습한 후 패턴에 맞춰 이야기해 보세요.

	rēng	扔	동 던지다, 버리다
	shuā	刷	동 솔로 닦다, 씻다
	tián	填	동 채우다
	ānpái	安排	동 꾸리다, 마련하다, 배정하다
	xiūgǎi	修改	동 수정하다, 수리하다, 고치다
	diàochá	调查	동 조사하다

✓ Finish! 다음 문장을 중국어로 바꿔 말해 보세요. 07-06

① 비서가 일정을 잘 꾸렸어요.
② 그가 일을 정확하게 조사하지 않았다.
③ 내가 표를 다 채웠어.
④ 그가 신발을 빨았어요.

Tā bǎ lājī rēng le.	他把垃圾扔了。	그가 쓰레기를 버렸습니다.
Tā bǎ xié shuā le.	他把鞋刷了。	그가 신발을 빨았어요.
Wǒ bǎ biǎo tiánhǎo le.	我把表填好了。	내가 표를 다 채웠어.
Mìshū bǎ rìchéng ānpái hǎo le.	秘书把日程安排好了。	비서가 일정을 잘 꾸렸어요.
Tā méi bǎ bàogào xiūgǎi wán.	她没把报告修改完。	그녀는 보고서를 다 고치지 않았습니다.
Tā méi bǎ shìqing diàochá qīngchu.	他没把事情调查清楚。	그가 일을 정확하게 조사하지 않았다.

Chapter 07. 我做完了。

Word Map
이번 챕터에서 배운 내용을 한눈에 정리해 보세요.

사람: 我, 他, 她, 弟弟, 同事, 老板, 秘书

사물/대상: 药, 水, 钱, 鞋, 表, 衣服, 机票, 垃圾, 动作, 事情, 单词, 报告, 日程, 作业

S + 把 + O + V + 기타。 (没)

동작: 吃, 倒, 退, 背, 看, 订, 弄, 洗, 写, 练, 扔, 刷, 填, 记, 安排, 修改, 调查, 流行

결과: 了, 完, 好, 懂, 住, 清楚

> **Let's Play** 중국요리를 만들어 보세요!

토마토 계란 볶음 만들기

① 准备四个鸡蛋、两个西红柿、葱、盐、白糖、油。
Zhǔnbèi sì ge jīdàn, liǎng ge xīhóngshì, cōng, yán, báitáng, yóu.

② 把葱洗干净，切好。
Bǎ cōng xǐ gānjìng, qiēhǎo.

③ 把鸡蛋打碎，加点儿盐，搅拌。
Bǎ jīdàn dǎsuì, jiā diǎnr yán, jiǎobàn.

④ 准备一个平底锅，放入少量的食用油。
Zhǔnbèi yí ge píngdǐguō, fàngrù shǎoliàng de shíyòngyóu.

⑤ 放入搅拌好的鸡蛋，小火炒，炒熟后盛出来。
Fàngrù jiǎobàn hǎo de jīdàn, xiǎohuǒ chǎo, chǎoshú hòu chéngchūlái.

⑥ 把平底锅洗干净，再放入少量的食用油。
Bǎ píngdǐguō xǐ gānjìng, zài fàngrù shǎoliàng de shíyòngyóu.

⑦ 放入切好的西红柿，快炒熟的时候放入鸡蛋。
Fàngrù qiēhǎo de xīhóngshì, kuài chǎoshú de shíhou fàngrù jīdàn.

⑧ 最后，放入准备好的葱和白糖，这样酸酸甜甜的西红柿炒鸡蛋就完成了。
Zuìhòu, fàngrù zhǔnbèi hǎo de cōng hé báitáng, zhèyàng suānsuāntiántián de xīhóngshì chǎo jīdàn jiù wánchéng le.

토마토 계란 볶음(西红柿炒鸡蛋 Xīhóngshì chǎo jīdàn) 만들기

① 계란 4개, 토마토 2개, 파, 소금, 설탕, 식용유를 준비해요.
② 파를 깨끗하게 씻어서 썰어 놓아요.
③ 계란을 풀어 소금을 조금 넣고 섞어요.
④ 프라이팬을 준비하여 식용유를 조금 넣어요.
⑤ 잘 섞어 놓은 계란을 프라이팬에 넣고 약한 불에 볶아요. 계란이 익으면 그릇에 담아 놓아요.
⑥ 프라이팬을 깨끗하게 씻은 후, 다시 식용유를 조금 넣어요.
⑦ 썰어 놓았던 토마토를 넣고 다 익어갈 때쯤 (볶아 놓았던) 계란을 넣어요.
⑧ 마지막으로, 준비해 놓은 파와 설탕을 넣으면 새콤달콤한 토마토 계란 볶음이 완성됩니다.

Chapter 08

我找得到。

학습 내용

Pattern 01
Wǒ zhǎo de dào.
我找得到。

Pattern 02
Wǒ shòu de liǎo.
我受得了。

Pattern 03
Tā huílái le.
他回来了。

Pattern 04
Tā zǒu guòlái le.
他走过来了。

Pattern 01

Wǒ zhǎo de dào.

Wǒ zhǎo de dào.

Wǒ zhǎo bu dào.

Tā kàn de dǒng.

Tā kàn bu dǒng.

Wǒ tīng de qīngchu.

Wǒ tīng bu qīngchu.

Wǒ zhǎo bu dào qiánbāo.

Wǒ kàn bu dǒng zīliào.

我找得到。

我找得到。	나는 찾을 수 있어.
我找不到。	나는 찾을 수 없어.
他看得懂。	그는 보고 이해할 수 있어요.
他看不懂。	그는 보고 이해할 수 없어요.
我听得清楚。	저는 확실하게 들을 수 있습니다.
我听不清楚。	저는 확실하게 들을 수 없습니다.
我找不到钱包。	저는 지갑을 찾을 수 없어요.
我看不懂资料。	나는 자료를 보고 이해할 수 없다.

Pattern 02

Wǒ shòu de liǎo.

Wǒ shòu de liǎo.

Wǒ shòu bu liǎo.

Nǐ wàng de liǎo ma?

Nǐ wàng bu liǎo ma?

Nǐ hē de liǎo ma?

Nǐ hē bu liǎo ma?

Nǐ shòu de liǎo shòu bu liǎo?

Nǐ chī de liǎo chī bu liǎo?

我受得了。

08-02

我受得了。	저는 견딜 수 있습니다.
我受不了。	저는 견딜 수 없습니다.
你忘得了吗?	너 잊을 수 있겠니?
你忘不了吗?	너 잊을 수 없겠니?
你喝得了吗?	당신 (다) 마실 수 있어요?
你喝不了吗?	당신 (다) 마실 수 없어요?
你受得了受不了?	당신 견딜 수 있어요? 없어요?
你吃得了吃不了?	너 (다) 먹을 수 있니? 없니?

Pattern 03

Tā huílái le.

Tā huílái le.

Tā huíqù le.

Tā shàngqù le.

Tā xiàlái le.

Wǒ nálái le yì píng hóngjiǔ.

Wǒ mǎilái le yìxiē shuǐguǒ.

Gōngsī zhāolái le yì míng yuángōng.

Lǎobǎn zhǎolái le yí wèi zhùshǒu.

他回来了。

他回来了。	그가 돌아왔어.
他回去了。	그가 돌아갔어.
他上去了。	그가 올라갔어요.
他下来了。	그가 내려왔어요.
我拿来了一瓶红酒。	내가 와인 한 병을 가져왔어.
我买来了一些水果。	제가 과일을 좀 사 왔어요.
公司招来了一名员工。	회사가 직원 한 명을 뽑아 왔다.
老板找来了一位助手。	사장님이 조수 한 분을 찾아왔습니다.

Pattern 04

Tā zǒu guòlái le.

Tā zǒu guòlái le.

Tā zǒu guòqù le.

Tā ná chūlái le.

Tā ná chūqù le.

Tā zhǎo huílái le.

Tā zhàn qǐlái le.

Xiǎohái pǎo xiàlái le.

Xiǎo Wáng pǎo shàngqù le.

Pattern 04

他走过来了。

他走过来了。	그는 걸어서 건너왔습니다.
他走过去了。	그가 걸어서 건너갔습니다.
她拿出来了。	그녀가 가지고(들고) 나왔어요.
她拿出去了。	그녀가 가지고(들고) 나갔어요.
她找回来了。	그녀가 찾아서 돌아왔어요.
他站起来了。	그가 일어섰어.
小孩跑下来了。	어린아이가 뛰어 내려왔어요.
小王跑上去了。	샤오왕이 뛰어 올라갔어.

Rhythmic Chinese

앞에서 배운 내용을 박자에 맞게 신나게 읽어 보세요!

这个字，看得见吗？　　Zhège zì, kàn de jiàn ma?
　看得见，看得见。　　Kàn de jiàn, kàn de jiàn.
那个字，看得见吗？　　Nàge zì, kàn de jiàn ma?
　看不见，看不见。　　Kàn bu jiàn, kàn bu jiàn.

这些菜，吃得了吗？　　Zhèxiē cài, chī de liǎo ma?
　吃得了，吃得了。　　Chī de liǎo, chī de liǎo.
那些酒，喝得了吗？　　Nàxiē jiǔ, hē de liǎo ma?
　喝不了，喝不了。　　Hē bu liǎo, hē bu liǎo.

这么早，起得来吗？　　Zhème zǎo, qǐ de lái ma?
　起得来，起得来。　　Qǐ de lái, qǐ de lái.
那么晚，回得来吗？　　Nàme wǎn, huí de lái ma?
　回不来，回不来。　　Huí bu lái, huí bu lái.

韩国话，听得懂吗？　　Hánguóhuà, tīng de dǒng ma?
　听得懂，听得懂，　　Tīng de dǒng, tīng de dǒng,
中国话，听得懂吗？　　Zhōngguóhuà, tīng de dǒng ma?
　听不懂，听不懂。　　Tīng bu dǒng, tīng bu dǒng.

Preview Toon 미리 대화 내용을 읽어 보고 어떤 내용이 나올지 짐작해 보세요!

Dialogue

회화의 한어병음과 한자를 정확하게 읽어 보세요.

A Wǒ zhǎo bu dào màozi le.

B Shì shénme màozi a?

A Nà shì wǒmen gōngsī jīnglǐ mǎilái de lǐwù, hěn guìzhòng de.
Gǎnjǐn bāng wǒ zhǎo yíxià!

B Nǐ bǎ nàge xiāngzi ná chūlái kànkan.
Suīrán wǒ jì de bú tài qīngchu, dàn hǎoxiàng zài xiāngzi li jiànguo.

A Zhǎodào le! Guǒrán zài xiāngzi li. Xièxie nǐ!

B Hā hā! Nà nǐ zěnme xiè wǒ a?

A Wǒ xiànzài chūqù mǎi diǎnr hǎochī de huílái.

Dialogue

08-06

A 我找不到帽子了。

B 是什么帽子啊?

A 那是我们公司经理买来的礼物,很贵重的。
赶紧帮我找一下!

B 你把那个箱子拿出来看看。
虽然我记得不太清楚,但ᵀ好像在箱子里见过。

A 找到了! 果然ᴳ在箱子里。谢谢你!

B 哈哈! 那你怎么谢我ᴳ啊?

A 我现在出去买点儿好吃的回来。

> '虽然'은 '비록 ~일지라도'의 의미를 나타내는 접속사로, '但', '但是', '可是' 등과 호응하여 쓰인다.
> 예 虽然我想买, 但现在没有钱。
> 비록 (내가) 사고 싶지만 지금은 돈이 없다.

A (내) 모자를 못 찾겠어.
B 무슨 모자인데?
A 그거 우리 회사 사장님이 사온 선물이라, 매우 귀한 거야. 빨리 나를 도와서 좀 찾아 줘!
B 너 그 트렁크 꺼내 와서 좀 봐 봐.
비록 내가 정확하게 기억하는 것은 아니지만, 그 트렁크 안에서 본 것 같아.
A 찾았다! 과연 트렁크 안에 있네. 고마워!
B 하하! 그럼 너 나에게 어떻게 보답할 건데?
A 내가 지금 나가서 맛있는 것 좀 사 올게.

Word Map
이번 챕터에서 배운 내용을 한눈에 정리해 보세요.

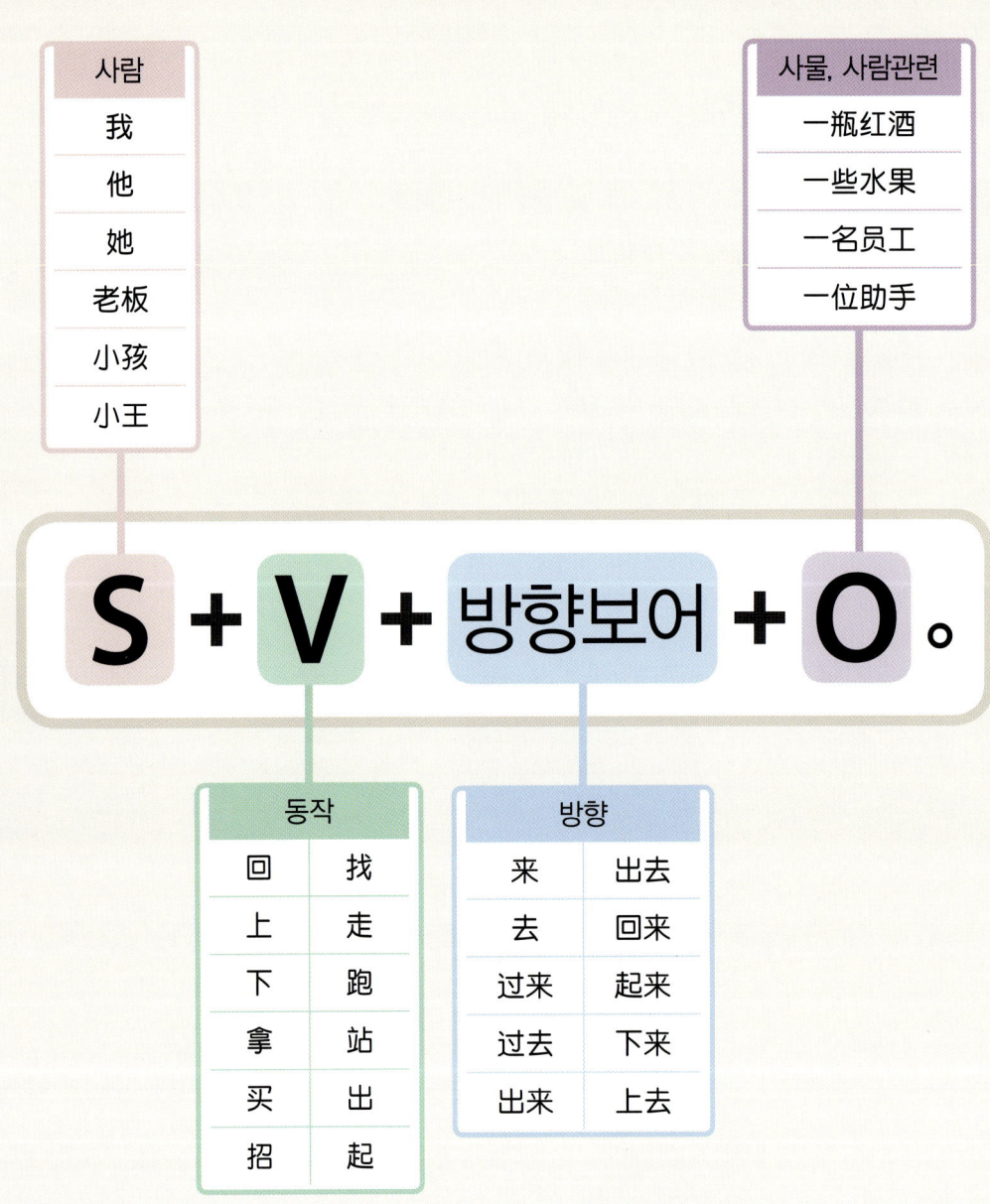

 **Let's Play** 중국식 만담(相声 xiàngsheng)을 시청해 보세요!

좋은 학생과 나쁜 학생

甲 平时不努力，考试徒伤悲。你看我，必修课很好，选修课更好。
Píngshí bù nǔlì, kǎoshì tú shāngbēi. Nǐ kàn wǒ, bìxiūkè hěn hǎo, xuǎnxiūkè gèng hǎo.

乙 我必修课选逃，选修课必逃。
Wǒ bìxiūkè xuǎn táo, xuǎnxiūkè bì táo.

甲 我英语过了六级，计算机过了四级。
Wǒ yīngyǔ guò le liù jí, jìsuànjī guò le sì jí.

乙 我传奇(游戏)46级，斗战城(游戏)60级。
Wǒ chuánqí(yóuxì) sìshíliù jí, dòuzhànchéng(yóuxì) liùshí jí.

甲 你这能学得好吗？
Nǐ zhè néng xué de hǎo ma?

乙 这还真学不好。
Zhè hái zhēn xué bu hǎo.

甲 今年我把党给入了。
Jīnnián wǒ bǎ dǎng gěirù le.

乙 团员的大门把我挡了。
Tuányuán de dàmén bǎ wǒ dǎng le.

甲 我所有的课程都优秀。
Wǒ suǒyǒu de kèchéng dōu yōuxiù.

乙 我所有的课程没得救。
Wǒ suǒyǒu de kèchéng méi déjiù.

좋은 학생과 나쁜 학생 (好学生与坏学生 Hǎo xuésheng yǔ huài xuésheng **)**

가 평소에 노력하지 않으면 시험은 슬플 수밖에. 날 봐, 필수과목은 (성적이) 좋고, 선택과목은 (성적이) 더 좋아.
나 난 필수과목은 골라서 안 듣고, 선택과목은 반드시 안 듣는데.
가 난 영어는 6급을 통과했고, 컴퓨터는 4급을 통과했어.
나 난 리니지는 46렙, 와우는 60렙인데.
가 너 이래가지고 공부 잘할 수 있겠냐?
나 이래가지곤 진짜 공부 잘할 수 없는데.
가 올해 나는 입당했어.
나 청년단원 문턱에서 나를 막던데.
가 나는 모든 과목이 다 훌륭해.
나 나는 모든 과목이 구제불능인데.

Chapter 09

你学了几年？

학습 내용

Pattern 01

Nǐ xué le jǐ nián?
你学了几年?

Pattern 02

Nǐ xué le jǐ nián le?
你学了几年了?

Pattern 03

Nǐ (kāi) chē kāi le jǐ nián?
你(开)车开了几年?

Pattern 04

Wǒ kāi le liǎng nián (de) chē.
我开了两年(的)车。

Pattern 01

Nǐ xué le jǐ nián?

Q

Nǐ xué le jǐ nián?

Tā dāi le duō jiǔ?

Nǐ zhù le duō cháng shíjiān?

Nǐ zhǔnbèi le jǐ ge yuè?

Nǐ xiūxi le jǐ fēnzhōng?

Nǐmen jiāowǎng le jǐ nián?

A

Wǒ xué le sān nián.

Wǒ zhù le liǎng ge yuè.

你学了几年?

09-01

Q

你学了几年? — 너는 몇 년 배웠니?

他呆了多久? — 그는 얼마나 머물렀나요?

你住了多长时间? — 당신은 얼마 동안 사셨습니까?

你准备了几个月? — 당신 몇 달 준비하셨나요?

你休息了几分钟? — 너 몇 분 쉬었니?

你们交往了几年? — 너희들 몇 년 교제했니?

A

我学了三年。 — 나는 3년 배웠어.

我住了两个月。 — 저는 두 달 살았어요.

Pattern 02

Nǐ xué le jǐ nián le?

Nǐ xué le jǐ nián le?

Nǐ dāi le duō jiǔ le?

Nǐ zhù le duō cháng shíjiān le?

Nǐ guàng le duō cháng shíjiān le?

Nǐ děng le jǐ ge yuè le?

Nǐ zhǎo le jǐ ge xiǎoshí le?

Wǒ xué le sān nián le.

Wǒ guàng le bàntiān le.

你学了几年了?

Q

| 你学了几年了? | 너는 몇 년째 배우고 있는 거야? |

| 你呆了多久了? | 당신 얼마 동안 머무르고 있는 건가요? |

| 你住了多长时间了? | 당신은 얼마 동안 살고 계신 건가요? |

| 你逛了多长时间了? | 너 몇 시간째 돌아다니는 거니? |

| 你等了几个月了? | 당신 몇 달째 기다리는 건가요? |

| 你找了几个小时了? | 너 몇 시간째 찾는 거니? |

A

| 我学了三年了。 | 나는 3년째 배우고 있어. |

| 我逛了半天了。 | 나 반나절째 돌아다녔어. |

Chapter 09. 你学了几年了?　　145

Pattern 03

Nǐ (kāi) chē kāi le jǐ nián?

Nǐ (kāi) chē kāi le jǐ nián?

Nǐ (zuò) dìtiě zuò le duō jiǔ?

Nǐ (kàn) xiǎoshuō kàn le jǐ tiān?

Nǐ (dǎ) tàijíquán dǎ le duō cháng shíjiān?

Nǐ (xué) Hànyǔ xué le duō cháng shíjiān?

Nǐ (jiǎng) gùshi jiǎng le jǐ ge xiǎoshí?

Wǒ (xué) Hànyǔ xué le sān nián.

Wǒ (jiǎng) gùshi jiǎng le liǎng ge xiǎoshí.

你(开)车开了几年?

09-03

Q

你(开)车开了几年?	당신은 운전을 몇 년 하셨나요?
你(坐)地铁坐了多久?	너 지하철을 얼마나 오래 탔니?
你(看)小说看了几天?	당신은 며칠 동안 소설을 봤어요?
你(打)太极拳打了多长时间?	너는 얼마나 오랫동안 태극권을 했니?
你(学)汉语学了多长时间?	너는 중국어를 얼마나 오래 배웠어?
你(讲)故事讲了几个小时?	당신은 몇 시간 동안 이야기를 했나요?

A

我(学)汉语学了三年。	나는 3년간 중국어를 배웠어.
我(讲)故事讲了两个小时。	저는 두 시간 동안 이야기를 했습니다.

Pattern 04

Wǒ kāi le liǎng nián (de) chē.

Wǒ kāi le liǎng nián (de) chē.

Wǒ xué le sān nián (de) Hànyǔ.

Wǒ tīng le yí ge xiǎoshí (de) yīnyuè.

Wǒ zuò le shí fēnzhōng (de) gōngjiāochē.

Wǒ kàn le liǎng ge xiǎoshí (de) diànyǐng.

Wǒ dǎ le yí ge xiǎoshí (de) yǔmáoqiú.

T Fùmǔ děng le nǐ liǎng nián.

Lǎoshī zhǎo le tā liǎng ge xiǎoshí.

我开了两年(的)车。

09-04

我开了两年(的)车。	저는 2년 운전했어요.
我学了三年(的)汉语。	저는 3년간 중국어를 배웠어요.
我听了一个小时(的)音乐。	나는 한 시간 동안 음악을 들었어.
我坐了十分钟(的)公交车。	저는 10분 동안 버스를 탔습니다.
我看了两个小时(的)电影。	나는 두 시간 동안 영화를 봤어.
我打了一个小时(的)羽毛球。	저는 한 시간 동안 배드민턴을 쳤어요.

T

| 父母等了你两年。 | 부모님은 너를 2년간 기다리셨어. |
| 老师找了他两个小时。 | 선생님께서 그를 두 시간 동안 찾으셨다. |

Chapter 09. 你学了几年? 149

Rhythmic Chinese

앞에서 배운 내용을 박자에 맞게 신나게 읽어 보세요!

普通话，普通话，　　Pǔtōnghuà, pǔtōnghuà,
你学了几年了？　　　nǐ xué le jǐ nián le?
一年了，一年了，　　Yì nián le, yì nián le,
我学了一年了。　　　wǒ xué le yì nián le.

太极拳，太极拳，　　Tàijíquán, tàijíquán,
你练了几年了？　　　nǐ liàn le jǐ nián le?
两年了，两年了，　　Liǎng nián le, liǎng nián le,
我练了两年了。　　　wǒ liàn le liǎng nián le.

高尔夫，高尔夫，　　Gāo'ěrfū, gāo'ěrfū,
你打了几年了？　　　nǐ dǎ le jǐ nián le?
三年了，三年了，　　Sān nián le, sān nián le,
我打了三年了。　　　wǒ dǎ le sān nián le.

北京，北京，　　　　Běijīng, Běijīng,
你住了几年了？　　　nǐ zhù le jǐ nián le?
很多年，很多年，　　Hěn duō nián, hěn duō nián,
我住了很多年了。　　wǒ zhù le hěn duō nián le.

Preview Toon 미리 대화 내용을 읽어 보고 어떤 내용이 나올지 짐작해 보세요!

Chapter 09. 你学了几年?

Dialogue

회화의 한어병음과 한자를 정확하게 읽어 보세요.

A Tīngshuō nǐmen kuàiyào jiéhūn le.
Nǐmen jiāowǎng le jǐ nián?

B Wǒmen jiāowǎng le wǔ nián.
Qíshí wǒ shì yíjiànzhōngqíng, dàn tā bú shì.

A Nǐmen shì zài nǎr rènshi de?

B Wǒ zài bǔxíbān xué Hànyǔ de shíhou,
tā shì wǒmen bān de Hànyǔ lǎoshī.

A Yuánlái nǐmen shì shīshēngliàn a?

B Wǒ zhuī le tā hěn jiǔ, tā cái tóngyì gēn wǒ jiāowǎng de.

Dialogue

A 听说你们快要结婚了。
你们交往了几年?

B 我们交往了五年。
其实我是一见钟情[T]，但她不是。

A 你们是在哪儿认识的[G]?

B 我在补习班学汉语的时候，
她是我们班的汉语老师。

A 原来[G]你们是师生恋啊?

B 我追了她很久，她才同意跟我交往的。

> '一见钟情'은 '첫눈에 반하다', '한눈에 반하다'라는 의미로, 자주 사용되는 관용어구 중 하나이다.
> 예 我不相信一见钟情。
> 나는 첫눈에 반한다는 것을 믿지 않는다.

A 듣자 하니 너희 곧 결혼한다며. 너희 몇 년 사귀었어?
B 우리 5년 사귀었어. 사실 나는 첫눈에 반했는데, 그녀는 아니었지.
A 너희 어디서 알게 된 것인데?
B 내가 학원에서 중국어를 배울 때, 그녀가 우리 반 중국어 선생님이었어.
A 알고 보니 너희들 교사와 학생 간에 연애한 거구나?
B 내가 그녀를 오랫동안 쫓아다녔더니, (그녀가) 그제서야 나랑 사귀는 것에 동의했지.

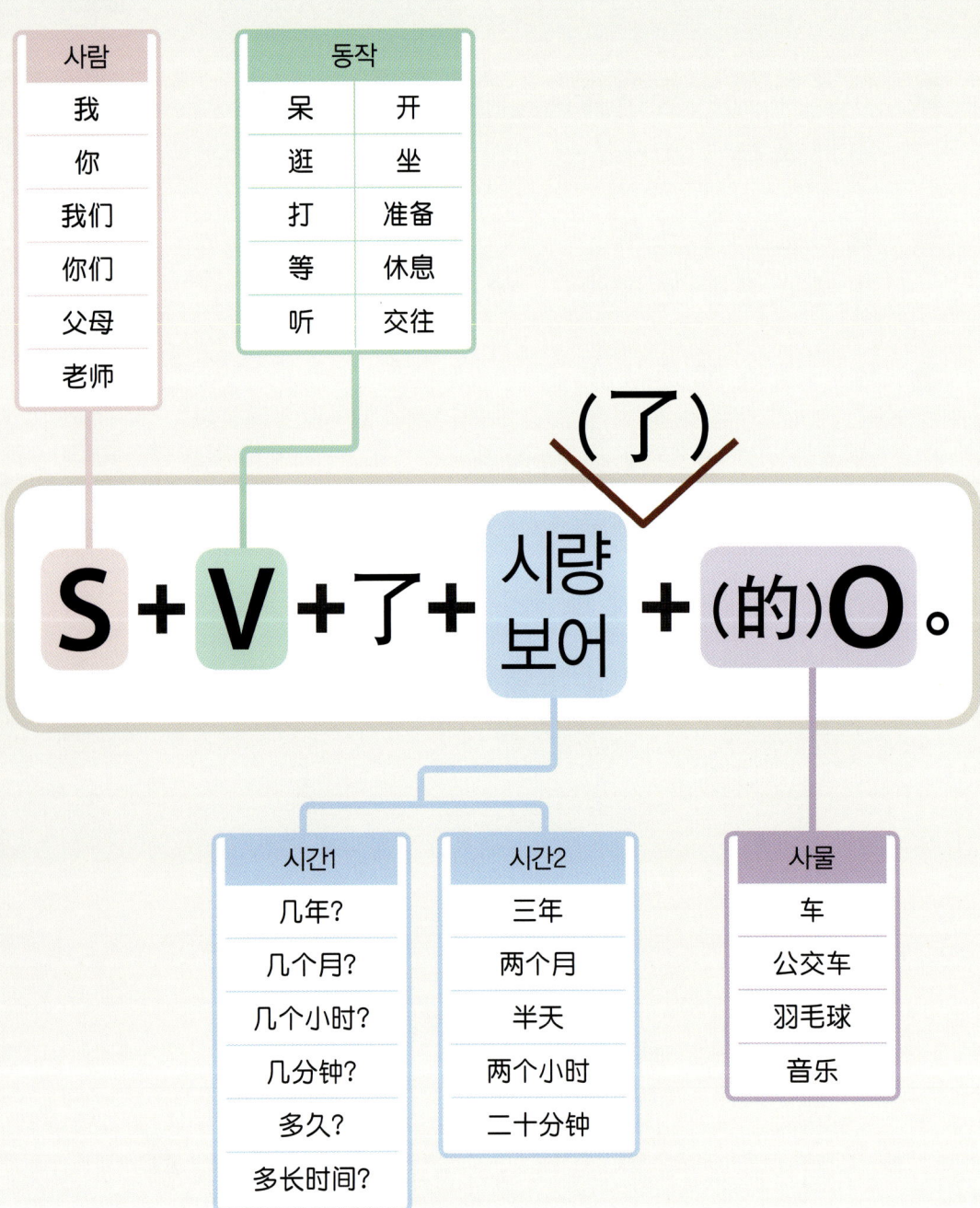

Let's Play 중국의 전지(剪纸 jiǎnzhǐ)에 대해 알아 보세요!

중국의 전지

　전지는 중국의 종이 공예 중의 하나로, 주로 붉은색 종이를 가지고 가위나 칼로 여러 가지 장식 무늬나 도안을 오려 내는 것이다. 대략 2000여 년의 역사를 지닌 전지는 세계문화유산으로 등재되었으며, 지금도 중국에서 자주 볼 수 있는 민간예술이다. 예부터 전지는 대부분 농촌 부녀자들이 많이 만들었는데, 새해를 맞이하거나 또는 경사스러운 날에 농민들이 상서롭게 여기는 동물, 농작물, 꽃, 새, 아이 등의 다양한 모습을 아름다운 형태로 표현한다.

QR코드를 찍어 동영상을 보면서 전지 공예로 '기쁠 희(囍)' 자를 만들어 보자.

Chapter 10

她给我发一条微信。

학습 내용

 Tā gěi wǒ fā yì tiáo wēixìn.
她给我发一条微信。

 Wǒ gēn nǐ kāi wánxiào.
我跟你开玩笑。

 Wǒ xiàng nǐ xuéxí.
我向你学习。

 Tā duì wǒ hěn hǎo.
他对我很好。

Pattern 01

Tā gěi wǒ fā yì tiáo wēixìn.

Tā gěi wǒ fā yì tiáo wēixìn.

Tā gěi wǒ fā yì fēng yóujiàn.

Wǒ gěi jīnglǐ dǎ yí ge diànhuà.

Nǐ gěi wǒmen chǎo yí ge cài ba.

Lǎobǎn gěi mìshū ānpái yí fèn gōngzuò.

Jiàoliàn gěi duìyuán zhǔnbèi yì shuāng qiúxié.

Wǒ yào gěi tā jièshào yí ge nánpéngyou.

Lǎoshī méi gěi wǒmen liú zuòyè.

她给我发一条微信。

10-01

她给我发一条微信。 그녀가 나에게 위챗(메세지)을 하나 보내.

他给我发一封邮件。 그가 나에게 이메일 하나를 보낸다.

我给经理打一个电话。 나는 매니저에게 전화를 한 통 해.

你给我们炒一个菜吧。 당신이 우리에게 요리를 하나 해 줘요.

老板给秘书安排一份工作。 사장님이 비서에게 업무 하나를 배정해 주십니다.

教练给队员准备一双球鞋。 코치가 선수에게 신발 한 켤레를 준비해 줘.

T

我要给她介绍一个男朋友。 내가 그녀에게 남자친구 한 명을 소개시켜 주려고 해요.

老师没给我们留作业。 선생님은 우리에게 숙제를 내주지 않으셨어.

Pattern 02

Wǒ gēn nǐ kāi wánxiào.

Wǒ gēn nǐ kāi wánxiào.

Tā gēn wǒ shēngqì le.

Wǒ gēn dàjiā tántan.

Wǒ gēn kèhù kāihuì.

Māma chángcháng gēn wǒ liáotiān.

Lǎobǎn chángcháng gēn yuángōngmen jùcān.

Wǒ bù gēn nǐ shuōhuà.

Wǒ méi gēn nǐ kāi wánxiào.

我跟你开玩笑。

10-02

| 我跟你开玩笑。 | 내가 너에게 농담한 거야. |

| 他跟我生气了。 | 그가 나에게 화를 냈다. |

| 我跟大家谈谈。 | 제가 여러분께 말씀 좀 드릴게요. |

| 我跟客户开会。 | 저는 고객과 회의를 합니다. |

T

| 妈妈常常跟我聊天。 | 엄마는 자주 나와 얘기를 나누세요. |

| 老板常常跟员工们聚餐。 | 사장님이 자주 직원들과 회식을 한다. |

| 我不跟你说话。 | 나는 너랑 말 안 할 거야. |

| 我没跟你开玩笑。 | 나는 너에게 농담하지 않았어. |

Pattern 03

Wǒ xiàng nǐ xuéxí.

Wǒ xiàng nǐ xuéxí.

Wǒ xiàng nín qǐngjiào.

Wǒ xiàng jīnglǐ wènhǎo.

Wǒ xiàng lǐngdǎo qǐngjià.

Gēge xiàng māma jiè qián.

Dǒngshìzhǎng xiàng yuángōngmen biǎoshì gǎnxiè.

Wǒ xiàng nǐ dǎting yí ge rén.

Wǒ xiàng lǎobǎn yāoqiú zhǎng gōngzī.

Pattern 03 — 我向你学习。

我向你学习。	내가 너에게 배울게.
我向您请教。	제가 당신에게 가르침을 신청합니다.
我向经理问好。	나는 매니저에게 안부 인사를 한다.
我向领导请假。	제가 대표님께 휴가를 신청합니다.
哥哥向妈妈借钱。	형이(오빠가) 엄마에게 돈을 빌려.
董事长向员工们表示感谢。	이사장이 직원들에게 감사를 표한다.
我向你打听一个人。	내가 네게 한 사람에 관해 좀 물어볼게.
我向老板要求涨工资。	나는 사장에게 월급 인상을 요구한다.

Pattern 04

Tā duì wǒ hěn hǎo.

Tā duì wǒ hěn hǎo.

Bàba duì wǒ tài yánlì.

Māma duì wǒ hěn xìxīn.

Wǒ duì lǎoshī méi yìjiàn.

Wǒ duì māma jiǎng zhēnhuà.

Wǒ duì shīfu tí jiànyì.

Nǐ bié duì wǒ zhème xiōng.

Nǐ bié duì wǒ shuōhuǎng.

他对我很好。

他对我很好。	그는 나에게 아주 잘해 준다.
爸爸对我太严厉。	아빠는 내게 너무 엄격해.
妈妈对我很细心。	엄마는 내게 세심하게 신경을 써 줘.
我对老师没意见。	저는 선생님께 이견이 없습니다.
我对妈妈讲真话。	나는 엄마에게 진실을 말해.
我对师傅提建议。	제가 사부님께 제안을 합니다.
你别对我这么凶。	너 나에게 이렇게 못되게 굴지 마.
你别对我说谎。	너 나에게 거짓말 하지 마.

Chapter 10. 她给我发一条微信。 165

Rhythmic Chinese

앞에서 배운 내용을 박자에 맞게 신나게 읽어 보세요!

我有姐姐，我有姐姐，　　Wǒ yǒu jiějie, wǒ yǒu jiějie,
　　我有一个姐姐。　　　wǒ yǒu yí ge jiějie.
对你好吗？对你好吗？　　Duì nǐ hǎo ma? Duì nǐ hǎo ma?
　　她对你好吗？　　　　Tā duì nǐ hǎo ma?
对我很好，对我很好，　　Duì wǒ hěn hǎo, duì wǒ hěn hǎo,
　　她对我很好。　　　　tā duì wǒ hěn hǎo.
常联系吗？常联系吗？　　Cháng liánxì ma? Cháng liánxì ma?
　　你跟她常联系吗？　　Nǐ gēn tā cháng liánxì ma?
经常联系，经常联系，　　Jīngcháng liánxì, jīngcháng liánxì,
　　我经常跟她联系。　　wǒ jīngcháng gēn tā liánxì.

我有哥哥，我有哥哥，　　Wǒ yǒu gēge, wǒ yǒu gēge,
　　我有一个哥哥。　　　wǒ yǒu yí ge gēge.
对你好吗？对你好吗？　　Duì nǐ hǎo ma? Duì nǐ hǎo ma?
　　他对你好吗？　　　　Tā duì nǐ hǎo ma?
对我不好，对我不好，　　Duì wǒ bù hǎo, duì wǒ bù hǎo,
　　他对我不好。　　　　tā duì wǒ bù hǎo.
发微信吗？发微信吗？　　Fā wēixìn ma? Fā wēixìn ma?
　　常给他发微信吗？　　Cháng gěi tā fā wēixìn ma?
不发微信，不发微信，　　Bù fā wēixìn, bù fā wēixìn,
　　不常给他发微信。　　bù cháng gěi tā fā wēixìn.

Preview Toon
미리 대화 내용을 읽어 보고 어떤 내용이 나올지 짐작해 보세요!

Dialogue

회화의 한어병음과 한자를 정확하게 읽어 보세요.

A Xiǎo Wáng, nǐ qù yàodiàn gěi wǒ mǎi yìdiǎnr gǎnmào yào, hǎo ma?

B Jīnglǐ, nín gǎnmào le a. Búyòng qù yīyuàn kànkan ma?

A Wǒ xiǎng xiān chī diǎnr yào kànkan.

B Hǎo de. Wǒ xiànzài qù mǎi.

A Nǐ gēn yàojìshī shuō, wǒ késou、sǎngzi téng.

B Nín yàoshi juéde nánshòu, háishi xiàng lǎobǎn qǐngjià ba.

A Shàngwǔ shí diǎn wǒ hái děi gēn kèhù kāihuì ne.

B Nín duì gōngzuò zhēnshi jìnxīn jìnlì a.

Dialogue

Ⓐ 小王，你去药店给我买一点儿感冒药，好吗？

Ⓑ 经理，您感冒了啊。不用去医院看看吗？

Ⓐ 我想先吃点儿药看看。

Ⓑ 好的。我现在去买。

Ⓐ 你跟药剂师说，我咳嗽、嗓子疼。

Ⓑ 您要是觉得难受，还是向老板请假吧。

Ⓐ 上午十点我还得跟客户开会呢。

Ⓑ 您对工作真是尽心尽力啊。

> '还是'는 '~하는 편이 더 좋다'라는 의미를 나타내는 부사이다.
> 예 还是坐地铁吧。
> 그냥 지하철을 타는 게 낫겠어요.

> '要是'는 '만약 ~라면'의 의미로, 가정을 나타내는 접속사이다.
> 예 要是有时间，再过来吧！
> 만약 시간이 있으면 다시 들러요!

Ⓐ 샤오왕, (당신) 약국에 가서 나에게 감기약 좀 사다 줄래요?
Ⓑ 매니저님, (당신) 감기 걸리셨군요. 병원에 가 보셔야 하지 않을까요?
Ⓐ (내가) 먼저 약을 좀 먹고 나서 보려고 해요.
Ⓑ 좋아요. 제가 지금 사러 갈게요.
Ⓐ (당신이) 약사에게 내가 기침을 하고, 목이 아프다고 말해 줘요.
Ⓑ (당신이) 만약 견디기 힘들다면, 아무래도 사장님께 휴가를 신청하시는 게 낫겠어요.
Ⓐ 오전 10시에 (내가) 또 고객과 회의를 해야 해서요.
Ⓑ 매니저님은 업무에 정말로 최선을 다하시네요.

Word Map
이번 챕터에서 배운 내용을 한눈에 정리해 보세요.

사람	
我	老板
你	教练
他	妈妈
她	哥哥
老师	董事长

사람	
我	领导
你	秘书
他	队员
我们	客户
大家	员工
经理	师傅

$$S + \frac{跟}{\frac{向}{\frac{给}{对}}} + O + \frac{Vp}{Ap} 。$$

동작	동작관련		태도
生气	借+钱	买+感冒药	很+好
开会	开+玩笑	炒+一个菜	很+凶
聊天	没+意见	发+一条微信	很+细心
会餐	讲+真话	发+一封邮件	太+严厉
学习	提+建议	安排+一份工作	
请教	表示+感谢	准备+一双球鞋	
问好			
请假			
说谎			

Let's Play
한시(漢詩)를 가사로 한 중국 노래를 불러 봅시다.

但愿人长久 Dàn yuàn rén chángjiǔ
词: 苏轼 Sū Shì / 演唱: 王菲 Wáng Fēi

明月几时有，把酒问青天。
Míngyuè jǐ shí yǒu, bǎ jiǔ wèn qīngtiān.

不知天上宫阙，今夕是何年。
Bù zhī tiānshang gōngquè, jīnxī shì hé nián.

我欲乘风归去，唯恐琼楼玉宇，高处不胜寒。
Wǒ yù chéng fēng guīqù, wéi kǒng qiónglóu yùyǔ, gāochù búshèng hán.

起舞弄清影，何似在人间。
Qǐ wǔ nòng qīngyǐng, hé sì zài rénjiān.

转朱阁，低绮户，照无眠。
Zhuǎn zhū gé, dī qǐ hù, zhào wú mián.

不应有恨，何事长向别时圆。
Bù yīng yǒu hèn, hé shì cháng xiàng bié shí yuán.

人有悲欢离合，月有阴晴圆缺，此事古难全。
Rén yǒu bēihuān líhé, yuè yǒu yīnqíng yuánquē, cǐshì gǔ nán quán.

但愿人长久，千里共婵娟。
Dàn yuàn rén chángjiǔ, qiān lǐ gòng chánjuān.

다만 그대 오래도록 살실 바라네 — 가사: 소식 / 노래: 왕페이

밝은 달은 언제부터 있었던가? 술잔을 들어 푸른 하늘에 물어보네.
천상의 궁궐에서도 오늘 밤이 어느 해인지 알지 못하리.
나 바람 타고 (천상으로) 돌아가고 싶지만 화려한 궁전 높은 곳에서 추위를 견딜 수 없을까 두려울 뿐이네.
일어나 그림자를 벗 삼아 춤 추니, 어찌 인간 세상에 있는 것 같으랴.
(달은) 붉은 누각을 돌아 꽃이 수놓인 화려한 창문에 나지막하게 걸린 채, 잠 못 이루는 이를 비추네.
무슨 원한이 있기에, 어찌하여 (저 달은) 이별할 때에만 둥근 것인지.
사람에게는 슬픔과 기쁨, 만남과 이별이 있고, 달에는 어둠과 밝음, 차고 이지러짐이 있나니, 세상사 완전한 것이 없네.
다만 그대 오래도록 살아, 천리를 떨어져 있더라도, 이 고운 달을 함께 감상하길 바랄 뿐이네.

Chapter 11

从3号到9号出差。

학습 내용

Cóng sān hào dào jiǔ hào chūchāi.
从3号到9号出差。

Dàjiā wǎng qián kàn.
大家往前看。

Tā bèi fāxiàn le.
他被发现了。

Pattern 01

Cóng sān hào dào jiǔ hào chūchāi.

Cóng sān hào dào jiǔ hào chūchāi.

Cóng liǎng diǎn dào sì diǎn cānguān bówùguǎn.

Cóng wǔ lóu dào bā lóu shì xiězìjiān.

Cóng yī dòng dào qī dòng shì gōngchǎng.

Cóng chēzhàn dào shāngchǎng xūyào yí ge xiǎoshí.

Cóng jīchǎng dào jiǔdiàn xūyào liǎng ge xiǎoshí.

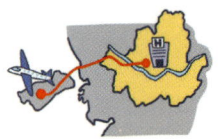

Cóng Běijīng dào Chóngqìng yǒu yìqiān duō gōnglǐ.

Cóng Shǒu'ěr dào Fǔshān yǒu wǔbǎi duō gōnglǐ.

从3号到9号出差。

11-01

从3号到9号出差。	3일부터 9일까지 출장이다.
从2点到4点参观博物馆。	2시부터 4시까지 박물관을 관람해.
从5楼到8楼是写字间。	5층부터 8층까지는 사무실입니다.
从1栋到7栋是工厂。	1동부터 7동까지는 공장이다.
从车站到商场需要一个小时。	정류장에서 쇼핑몰까지 한 시간 걸려.
从机场到酒店需要两个小时。	공항에서 호텔까지 두 시간 걸려요.
从北京到重庆有一千多公里。	베이징에서 충칭까지 1천여 킬로미터야.
从首尔到釜山有五百多公里。	서울에서 부산까지 5백여 킬로미터입니다.

Pattern 02

Dàjiā wǎng qián kàn.

Dàjiā wǎng qián kàn.

Cóng zhèr wǎng qián zǒu.

Cóng zhèr wǎng běi kāi.

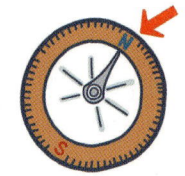
Dào lùkǒu wǎng zuǒ guǎi.

Shāngchǎng lí chēzhàn bù yuǎn.

Jiǔdiàn lí jīchǎng tài yuǎn.

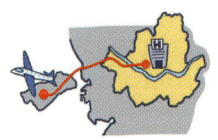
Lí kǎoshì hái yǒu sān tiān.

Lí bìyè hái yǒu yì nián.

大家往前看。

大家**往**前看。	모두가 앞(쪽)을 봅니다.
从这儿**往**前走。	여기서 앞(쪽)으로 가 주세요.
从这儿**往**北开。	여기서 북쪽으로 운전해요.
到路口**往**左拐。	교차로에서 왼쪽으로 꺾습니다.
商场**离**车站不远。	쇼핑몰이 정류장에서 멀지 않아.
酒店**离**机场太远。	호텔이 공항에서 너무 멀어요.
离考试还有三天。	시험까지 아직 3일 남았어.
离毕业还有一年。	졸업까지 아직 1년 남았어요.

Chapter 11. 从3号到9号出差。 177

Pattern 03

Tā bèi fāxiàn le.

Tā bèi fāxiàn le.

Tā bèi chǎo yóuyú le.

Wǒ bèi lǎobǎn shuō le.

Qián bèi xiǎotōu tōuzǒu le.

Bēizi bèi wǒ dǎsuì le.

Mótuōchē bèi rén qízǒu le.

Jiàoshì bèi tóngxuémen dǎsǎo de hěn gānjìng.

Fàncài bèi wǒmen chī de hěn gānjìng.

Pattern 03 — 他被发现了。

他被发现了。	그가 발견됐어.
她被炒鱿鱼了。	그녀는 해고당했어요.
我被老板说了。	저는 사장님께 혼이 났어요.
钱被小偷偷走了。	돈을 도둑이 훔쳐갔어요.
杯子被我打碎了。	컵을 내가 깨뜨렸어.
摩托车被人骑走了。	오토바이를 누가 타고 갔어요.
教室被同学们打扫得很干净。	교실을 학우들이 아주 깨끗이 청소했다.
饭菜被我们吃得很干净。	음식을 우리가 아주 깨끗이 먹어 치웠어요.

Rhythmic Chinese

앞에서 배운 내용을 박자에 맞게 신나게 읽어 보세요!

我的汉语书呢?   Wǒ de Hànyǔ shū ne?
被谁借走了!   Bèi shéi jièzǒu le!
我的照相机呢?   Wǒ de zhàoxiàngjī ne?
被谁拿走了!   Bèi shéi názǒu le!
我的自行车呢?   Wǒ de zìxíngchē ne?
被谁骑走了!   Bèi shéi qízǒu le!
唉，我真糊涂!   Ài, wǒ zhēn hútu!

我的普洱茶呢?   Wǒ de pǔ'ěrchá ne?
被谁喝完了!   Bèi shéi hēwán le!
我的好朋友呢?   Wǒ de hǎo péngyǒu ne?
被谁叫走了!   Bèi shéi jiàozǒu le!
我的女朋友呢?   Wǒ de nǚpéngyou ne?
被谁抢走了!   Bèi shéi qiǎngzǒu le!
唉，我真可怜!   Ài, wǒ zhēn kělián!

bd Preview Toon 미리 대화 내용을 읽어 보고 어떤 내용이 나올지 짐작해 보세요!

Chapter 11. 从3号到9号出差。

Dialogue

회화의 한어병음과 한자를 정확하게 읽어 보세요.

A Zhōngwǔ yìqǐ chīfàn, zěnmeyàng?

B Wǒ cóng yī diǎn dào sān diǎn yǒu ge huìyì,
zánmen wǎnshang chī kěyǐ ma?

A Hǎo a. Wǒ fāxiàn yì jiā shòusī diàn, wèidào búcuò.
Xiǎng dài nǐ qù chángchang.

B Shòusī diàn lí gōngsī yuǎn ma?

A Lí wǒmen gōngsī bù yuǎn. Zǒu shí fēnzhōng jiù dào le.

B Nà jiù hǎo. Chīwán wǎnfàn hòu, wǒ hái děi huí gōngsī jiābān ne.

A Nǐ kě bié bèi gōngzuò lèidǎo le.

Dialogue

A 中午一起吃饭，怎么样？

B 我从一点到三点有个会议，咱们[T]晚上吃可以吗？

A 好啊。我发现一家寿司店，味道不错。
想带你去尝尝。

> '咱们'은 '우리'의 의미를 나타내는 인칭대사이다. '我们'은 화자만을 포함하는 데 비해 '咱们'은 청자와 화자를 모두 포함한다.
> 예 你是中国人，我也是中国人，咱们都是中国人。
> 너는 중국사람이고, 나도 중국사람이고, 우리 모두 중국사람이다.

B 寿司店离公司远吗？

A 离我们公司不远。走十分钟就[G]到了。

B 那就好。吃完晚饭后，我还得回公司加班呢。

A 你可别被工作累倒了[G]。

A 점심에 같이 밥 먹는 거 어때?
B 내가 1시부터 3시까지 회의가 있는데, 우리 저녁에 먹는 거 괜찮아?
A 좋아. 내가 어떤 초밥 가게를 발견했는데, 맛이 괜찮아. 너를 데리고 가서 맛을 좀 보게 하고 싶어.
B 초밥 가게가 회사에서 멀어?
A 우리 회사에서 멀지 않아. 걸어서 10분이면 도착해.
B 그거 잘됐네. 저녁 먹고 나서 나는 다시 회사로 돌아와서 야근해야 해.
A 너 일 때문에 힘들어서 쓰러지는 건 안 돼. (쓰러지지는 마.)

Double Check! 다음 심화단어를 학습한 후 패턴에 맞춰 이야기해 보세요.

	chǎoxǐng	吵醒	시끄러워서 잠이 깨다
	kǎohú	烤糊	불에 구워 태우다
	zhuāzhù	抓住	붙잡다, 움켜잡다
	dǎfān	打翻	뒤집다, 뒤집어지다
	xiūhǎo	修好	수리하다, 고치다
	cā gānjìng	擦干净	깨끗이 닦다

✅ **Finish!** 다음 문장을 중국어로 바꿔 말해 보세요.

❶ 도둑이 붙잡혔습니다.   ❷ 빵을 굽다가 태웠어.
❸ 컴퓨터가 고쳐졌어.   ❹ 어린아이가 시끄러워 깼다.

11-06

Xiǎohái bèi chǎoxǐng le.	小孩被吵醒了。	어린아이가 시끄러워 깼다.
Miànbāo bèi kǎohú le.	面包被烤糊了。	빵을 굽다가 태웠어.
Xiǎotōu bèi zhuāzhù le.	小偷被抓住了。	도둑이 붙잡혔습니다.
Kāfēi bèi dǎfān le.	咖啡被打翻了。	커피가 엎어졌어요.
Diànnǎo bèi xiūhǎo le.	电脑被修好了。	컴퓨터가 잘 고쳐졌어.
Zhuōzi bèi cā gānjìng le.	桌子被擦干净了。	책상이 깨끗이 닦였다.

Word Map
이번 챕터에서 배운 내용을 한눈에 정리해 보세요.

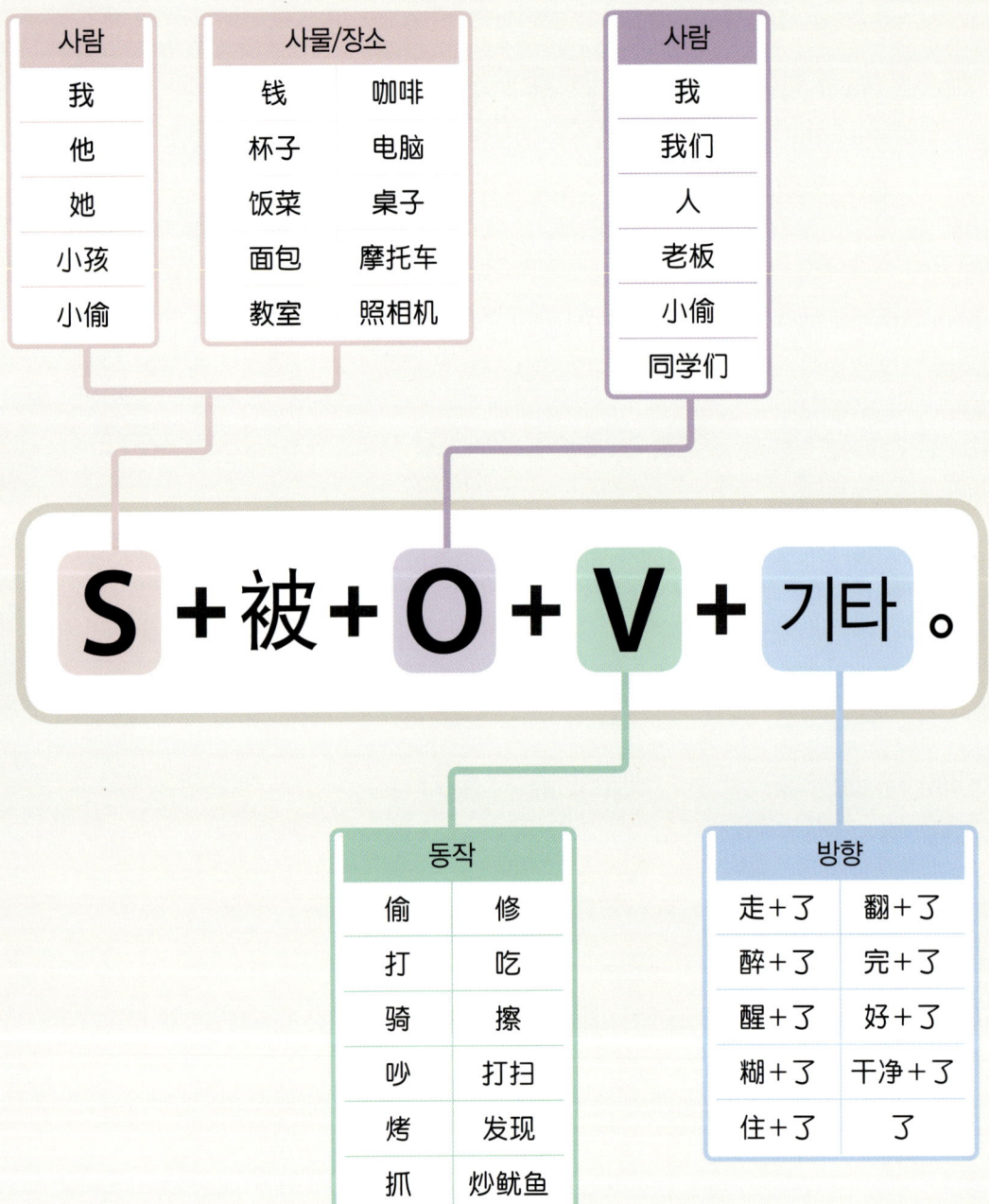

Let's Play 중국어 유머를 읽고 크게 웃어 보세요!

幽默 2

小明很淘气。有一天，他在别人家的果园里摘苹果吃，被果园主人看见了。主人非常生气，大声问他："太不像话了，你叫什么名字？我要告诉你父母。"小明很镇定地说："不用了，我父母知道我叫什么名字。"

Xiǎo Míng hěn táoqì. Yǒu yì tiān, tā zài biérén jiā de guǒyuán li zhāi píngguǒ chī, bèi guǒyuán zhǔrén kànjiàn le. Zhǔrén fēicháng shēngqì, dàshēng wèn tā: "Tài búxiànghuà le, nǐ jiào shénme míngzi? Wǒ yào gàosu nǐ fùmǔ." Xiǎo Míng hěn zhèndìng de shuō: "Búyòng le, wǒ fùmǔ zhīdào wǒ jiào shénme míngzi."

단어
- 淘气 táoqì 형 장난이 심하다
- 果园 guǒyuán 명 과수원
- 摘 zhāi 동 따다
- 不像话 búxiànghuà 형 (언어나 행동이) 말이 안 되다, 꼴불견이다, 한심하다
- 镇定 zhèndìng 형 침착하다, 차분하다

유머 2

샤오밍은 장난이 아주 심하다. 어느 날 그는 다른 사람 집의 과수원에서 사과를 따 먹다가 과수원 주인에게 들켰다. 주인은 매우 화를 내며 큰 소리로 그에게 물었다. "한심한 녀석 같으니라고. 너 이름이 뭐야? 너희 부모님에게 알려야겠다." 샤오밍은 아주 차분하게 말했다. "그럴 필요 없어요. 저희 부모님은 제 이름을 아니까요."

Chapter 12

老板让我加班。

학습 내용

 Lǎobǎn ràng wǒ jiābān.
老板让我加班。

 Qǐng nǐ bǎ yào hēwán.
请你把药喝完。

 Wǒ jiè tā yì běn shū.
我借他一本书。

Pattern 01

Lǎobǎn ràng wǒ jiābān.

Lǎobǎn ràng wǒ jiābān.

Māma ràng wǒ qù mǎi cài.

Māma ràng wǒ qù qǔ suānnǎi.

Bàba ràng wǒ shōushi fángjiān.

Yīshēng ràng wǒ duō hē shuǐ.

Yīshēng ràng wǒ hǎohāor xiūxi.

T

Yīshēng bú ràng tā hē jiǔ.

Zhèr bú ràng pāizhào.

老板让我加班。

老板让我加班。	사장님이 저에게 야근을 시켰어요.
妈妈让我去买菜。	엄마가 나에게 장을 보게 하셨다.
妈妈让我去取酸奶。	엄마가 나에게 가서 요구르트를 챙기라고 하셔.
爸爸让我收拾房间。	아빠가 나에게 방을 정리하라고 하셨다.
医生让我多喝水。	의사가 나에게 물을 많이 마시라고 했어.
医生让我好好儿休息。	의사가 저에게 잘 쉬라고 했습니다.
医生不让他喝酒。	의사가 그에게 금주를 하라고 했다.
这儿不让拍照。	여기서는 사진을 찍지 못하게 한다.

Pattern 02 Qǐng nǐ bǎ yào hēwán.

Qǐng nǐ bǎ yào hēwán.

Qǐng nǐ bǎ xíngli kānhǎo.

Qǐng nǐ bǎ kōngtiáo dǎkāi.

Qǐng nǐ bǎ dōngxi fànghǎo.

Qǐng dàjiā bǎ shǒujī guāndiào.

Qǐng dàjiā bǎ ānquándài jìhǎo.

Qǐng nǐ chūqù.

Qǐng dàjiā sùjìng.

请你把药喝完。

12-02

请你把药喝完。	(당신은) 약을 다 드세요.
请你把行李看好。	(당신이) 짐을 잘 봐 주세요.
请你把空调打开。	(당신이) 에어컨을 켜 주세요.
请你把东西放好。	(당신이) 물건을 잘 놓아 주세요.
请大家把手机关掉。	여러분 휴대전화를 꺼 주세요.
请大家把安全带系好。	여러분 안전벨트를 매 주세요.

T

请你出去。	(당신은) 나가 주세요.
请大家肃静。	여러분 조용히 해 주세요.

Chapter 12. 老板让我加班。 193

Pattern 03

Wǒ jiè tā yì běn shū.

Wǒ jiè tā yì běn shū.

Wǒ gěi tā yì zhī bǐ.

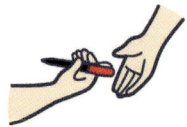
Wǒ zhǎo tā shí kuài qián.

Wǒ sòng tā yí fèn lǐwù.

Wǒ wèn nǐ yí ge wèntí.

Wǒ jiāo nǐ yì shǒu Zhōngguó gē.

Wǒ gàosu péngyou yí ge mìmì.

Wǒ bàituō péngyou yí jiàn xiǎo shì.

我借他一本书。

我借他一本书。 　　　내가 그에게 책 한 권을 빌려줘요.

我给他一支笔。 　　　내가 그에게 필기구 한 자루를 준다.

我找他十块钱。 　　　제가 그에게 10위안을 거슬러 줍니다.

我送他一份礼物。 　　내가 그에게 선물을 하나 준다.

我问你一个问题。 　　내가 너에게 질문을 하나 할게.

我教你一首中国歌。 　내가 너에게 중국노래 한 곡을 가르쳐 줄게.

我告诉朋友一个秘密。 내가 친구에게 비밀 하나를 말해 준다.

我拜托朋友一件小事。 제가 친구에게 (작은) 일 하나를 부탁합니다.

Rhythmic Chinese ♪

앞에서 배운 내용을 박자에 맞게 신나게 읽어 보세요!

起床，起床，　　　Qǐchuáng, qǐchuáng,
妈妈让我起床。　　māma ràng wǒ qǐchuáng.
刷牙，刷牙，　　　Shuāyá, shuāyá,
妈妈让我刷牙。　　māma ràng wǒ shuāyá.
迟到，迟到，　　　Chídào, chídào,
妈妈不让我迟到。　māma bú ràng wǒ chídào.

加班，加班，　　　Jiābān, jiābān,
老板让我加班。　　lǎobǎn ràng wǒ jiābān.
工作，工作，　　　Gōngzuò, gōngzuò,
老板让我工作。　　lǎobǎn ràng wǒ gōngzuò.
请假，请假，　　　Qǐngjià, qǐngjià,
老板不让我请假。　lǎobǎn bú ràng wǒ qǐngjià.

吃药，吃药，　　　Chīyào, chīyào,
医生让我吃药。　　yīshēng ràng wǒ chīyào.
打针，打针，　　　Dǎzhēn, dǎzhēn,
医生让我打针。　　yīshēng ràng wǒ dǎzhēn.
休息，休息，　　　Xiūxi, xiūxi,
医生让我休息。　　yīshēng ràng wǒ xiūxi.

bd Preview Toon 미리 대화 내용을 읽어 보고 어떤 내용이 나올지 짐작해 보세요!

Chapter 12. 老板让我加班。

Dialogue

회화의 한어병음과 한자를 정확하게 읽어 보세요.

A Tīngshuō wǒmen bùmén wǎnshang qù kàn yǎnchànghuì.

B Shì nǎ wèi gēshǒu de yǎnchànghuì a?

A Tóngshì gàosu wǒ hěn duō yǒumíng de gēxīng dōu huì lái.

B Tài hǎo le. Nà wǒmen kěyǐ qù hǎohāor fàngsōng yíxià.
Wǒmen xūyào tíqián qù páiduì ma?

A Búyòng. Dào shíhou fùzérén huì ānpái de.
Duì le, yǎnchànghuì bú ràng dài hē de.
Nǐ jiù búyào dài shuǐ le.

Dialogue

12-05

Ⓐ 听说我们部门晚上去看演唱会。

Ⓑ 是哪位歌手的演唱会啊?

Ⓐ 同事告诉我很多有名的歌星都会来。

Ⓑ 太好了。那我们可以去好好儿放松一下。
我们需要提前去排队吗?

Ⓐ 不用。到时候负责人会安排的。
对了,演唱会不让带喝的。
你就不要带水了。

'到时候'는 '그때 가서', '그때 되면'의 뜻으로 구어에서 자주 쓰는 표현이다.
예 好主意,到时候他一定很开心。
좋은 생각이야, 그때 되면 그가 분명 좋아할 거야.

'让'은 '不'와 함께 쓰여 '(~을) 허용하지 않다', '~하지 못하게 하다'라는 금지의 의미를 나타낸다.
예 老师还不让我们进去。
선생님께서 아직 우리를 못 들어가게 하신다.

Ⓐ 듣자 하니 우리 부서가 저녁에 콘서트를 보러 간대.
Ⓑ 어떤 가수의 콘서트인데?
Ⓐ 동료가 나에게 그러는데, 여러 유명 가수들이 다 올 거라던데.
Ⓑ 너무 좋다. 그럼 우리 가서 힐링 좀 잘 해 보자.
우리 미리 가서 줄을 서야 하나?
Ⓐ 그럴 필요 없어. 그때 되면 책임자가 배정해 줄 거야.
맞다, 콘서트에는 마실 것을 못 가지고 가게 해. 너 그러니까 물 가져가지 마.

✅ Double Check! 다음 심화단어를 학습한 후 패턴에 맞춰 이야기해 보세요.

	qiān hétóng	签合同	계약하다
	bàn qiānzhèng	办签证	비자를 받다
	bàn shǒuxù	办手续	수속을 하다
	fù kuǎn	付款	돈을 지불하다, 결제하다
	fā chuánzhēn	发传真	팩스를 보내다
	fùyìn wénjiàn	复印文件	서류를 복사하다

☑ **Finish!** 다음 문장을 중국어로 바꿔 말해 보세요.

① (당신은) 서류를 잘 복사해 주세요. ② 대표님께서 나에게 수속을 하러 가라고 하셨다.
③ 아빠가 나에게 비자를 받으러 가라고 했어. ④ 사장님이 저에게 가서 결제를 하라고 하셨어요.

Jīnglǐ ràng wǒ qù qiān hétóng.	经理让我去签合同。	매니저가 나에게 계약을 하러 가게 했다.
Bàba ràng wǒ qù bàn qiānzhèng.	爸爸让我去办签证。	아빠가 나에게 비자를 받으러 가라고 했어.
Lǐngdǎo ràng wǒ qù bàn shǒuxù.	领导让我去办手续。	대표님께서 나에게 수속을 하러 가라고 하셨다.
Lǎobǎn ràng wǒ qù fù kuǎn.	老板让我去付款。	사장님이 저에게 가서 결제를 하라고 하셨어요.
Qǐng nǐ bǎ chuánzhēn fāgěi wǒ.	请你把传真发给我。	(당신은) 팩스를 저에게 보내 주세요.
Qǐng nǐ bǎ wénjiàn fùyìn hǎo.	请你把文件复印好。	(당신은) 서류를 잘 복사해 주세요.

Word Map
이번 챕터에서 배운 내용을 한눈에 정리해 보세요.

사람
老板	妈妈
经理	爸爸
领导	医生
老师	教练

사람
| 我 |
| 你 |
| 他 |
| 大家 |

S + (不)让/请 + O + 기타。

동작, 동작관련
- 加班
- 出去
- 付款
- 背+单词
- 取+酸奶
- 签+合同
- 办+签证
- 办+手续
- 准备+行李
- 收拾+房间
- 多+喝水
- 好好+休息

把자구
- 把+行李+看好
- 把+空调+打开
- 把+东西+放好
- 把+电脑+打开
- 把+手机+关掉
- 把+安全带+系好
- 把+传真+发给我
- 把+文件+复印好

 크리스마스 캐럴(圣诞歌 shèngdàn gē)을 불러 보세요!

铃儿响叮当
Líng'ér xiǎng dīng dāng

冲破大风雪，我们坐在雪橇上，
Chōngpò dà fēngxuě, wǒmen zuòzài xuěqiāo shàng,

奔驰过田野，我们欢笑又歌唱。
bēnchí guò tiányě, wǒmen huānxiào yòu gēchàng.

马儿铃声响，令人精神多欢畅，
Mǎ'ér língshēng xiǎng, lìng rén jīngshén duō huānchàng,

今晚滑雪真快乐，把滑雪歌儿唱。
jīnwǎn huáxuě zhēn kuàilè, bǎ huáxuě gēr chàng.

叮叮当，叮叮当，铃儿响叮当，
Dīng dīng dāng, dīng dīng dāng, líng'ér xiǎng dīng dāng,

我们滑雪多快乐，我们坐在雪橇上。
wǒmen huáxuě duō kuàilè, wǒmen zuòzài xuěqiāo shàng.

종소리 울려라 (징글 벨)

눈보라 헤치며, 우리 썰매를 타요.
들판 가르며, 우리는 신이 나 노래해요.
성탄절 종소리 너무나 흥겨워.
오늘밤 썰매 정말로 즐거워.
썰매 타며 노래를 불러요.

딩동댕 딩동댕, 종소리 울려요.
썰매놀이 너무나 즐거워, 신나게 썰매를 타요.

퍼펙트 중국어 2

초판발행	2019년 8월 20일
1판 2쇄	2024년 10월 1일
저자	김현철, 유성은, 김아영, 김홍매, 권순자, 원립추
책임 편집	최미진, 연윤영, 高霞
펴낸이	엄태상
디자인	진지화
조판	이서영
콘텐츠 제작	김선웅, 장형진
마케팅본부	이승욱, 왕성석, 노원준, 조성민, 이선민
경영기획	조성근, 최성훈, 김다미, 최수진, 오희연
물류	정종진, 윤덕현, 신승진, 구윤주
펴낸곳	시사중국어사(시사북스)
주소	서울시 종로구 자하문로 300 시사빌딩
주문 및 문의	1588-1582
팩스	0502-989-9592
홈페이지	http://www.sisabooks.com
이메일	book_chinese@sisadream.com
등록일자	1988년 2월 12일
등록번호	제300-2014-89호

ISBN 979-11-5720-137-2
　　　979-11-5720-135-8 (set)

＊ 이 책의 내용을 사전 허가 없이 전재하거나 복제할 경우 법적인 제재를 받게 됨을 알려 드립니다.
＊ 잘못된 책은 구입하신 서점에서 교환해 드립니다.
＊ 정가는 표지에 표시되어 있습니다.

신개념 패턴 학습으로 완벽한 중국어

퍼펙트
P·E·R·F·E·C·T
중국어

Workbook 2

시사중국어사

Workbook

시사중국어사

목차

Chapter 01 你会游泳吗? — 5
Nǐ huì yóuyǒng ma?

Chapter 02 你要看哪本? — 13
Nǐ yào kàn nǎ běn?

Chapter 03 你学过吗? — 21
Nǐ xuéguo ma?

Chapter 04 灯亮着。 — 31
Dēng liàngzhe.

Chapter 05 我在医院上班。 — 39
Wǒ zài yīyuàn shàngbān.

Chapter 06 他比我高。 — 47
Tā bǐ wǒ gāo.

Chapter 07 我做完了。 — 55
Wǒ zuòwán le.

Chapter 08 我找得到。 — 63
Wǒ zhǎo de dào.

Chapter 09 你学了几年? — 73
Nǐ xué le jǐ nián?

Chapter 10 她给我发一条微信。 — 81
Tā gěi wǒ fā yì tiáo wēixìn.

Chapter 11 从3号到9号出差。 — 89
Cóng sān hào dào jiǔ hào chūchāi.

Chapter 12 老板让我加班。 — 97
Lǎobǎn ràng wǒ jiābān.

녹음 Script / Exercise 정답   105

Chapter 01

你会游泳吗?

G Grammar 학습내용

Pattern 1 능원동사 '会'

Pattern 2 능원동사 '想'

Pattern 3 상태보어와 '得'

Pattern 4 동사서술어가 빈어를 가진 경우의 상태보어

Dialogue ❶ 관용표현 'A 是 A'

❷ 진행을 나타내는 '正…呢'

Pattern 1   능원동사 '会'

» '会'는 능력을 나타내는 능원동사로, 주로 학습이나 연습을 통해 어떤 기능을 갖추고 있음을 강조할 때 사용한다. 능원동사 뒤에는 반드시 동사서술어가 와야 하는 것에 주의한다.

| 구조 | 주어 + 会 + 동사서술어 (+ 빈어) 。 |

- 你会开车吗?   당신은 운전할 줄 압니까?
- 你会说汉语吗?   너 중국어 할 수 있어?

» 질문에 대한 대답은 '会'에 초점을 맞춰 알맞게 하면 된다.
- 我会开车。   저는 운전할 줄 압니다.
- 我会说汉语。   나 중국어 할 줄 알아.

» 부정부사 '不'는 능원동사 앞에 위치한다.
- 我不会打高尔夫。   나는 골프 칠 줄 몰라.

Pattern 2   능원동사 '想'

» '想'은 소망이나 계획을 나타내는 능원동사로, 비교적 부드러운 어투를 나타낸다. 의문문은 문장 끝에 '吗'를 붙이거나, 능원동사의 긍정형과 부정형을 배열하여 정반의문문 형태로 만들 수 있다.

구조 1	주어 + 想 + 동사서술어 (+ 빈어) 。
구조 2	주어 + 想 + 동사서술어 (+ 빈어) + 吗 ?
	주어 + 想不想 + 동사서술어 (+ 빈어) ?

- 你想游泳吗?   너는 수영하고 싶니?
- 你想不想减肥?   너는 다이어트 하고 싶니 (안 하고 싶니)?

» 질문에 대한 대답은 '想'에 초점을 맞춰 알맞게 하고, 부정의 대답을 하고자 할 때 부정부사 '不'는 능원동사 앞에 위치한다.
- 姐姐想减肥。   언니(누나)는 다이어트를 하고 싶어 한다.
- 我不想吃鸡翅。   나는 버팔로윙을 먹고 싶지 않아.

Pattern 3   상태보어와 '得'

» 상태보어는 동사나 형용사서술어 뒤에 사용되어 동작, 행위, 상태 및 그에 따른 결과나 정도를 상세하고 구체적으로 묘사, 판단, 평가한다. 서술어와 상태보어 사이에는 반드시 조사 '得'를 사용해야 한다.

| 구조 | 주어 + 동사/형용사서술어 + 得 + 상태보어 。 |

- 她学得很好。   그녀는 잘 배웠다.
- 我踢得不太好。   나는 공을 잘 차지 못해.

Pattern 4   동사서술어가 빈어를 가진 경우의 상태보어

» 동사서술어가 빈어를 가지면, 상태보어는 아래와 같은 두 가지 형식을 취할 수 있다.

| 구조 1 | 주어 + 동사 + 빈어 + 동사 + 得 + 상태보어 。 |
| 구조 2 | 주어 + 빈어 + 동사 + 得 + 상태보어 。 |

- 妈妈打高尔夫打得很好。   엄마는 골프를 잘하신다.
- 妈妈高尔夫打得很好。   엄마는 골프를 잘하신다.

Dialogue   ① 관용표현 'A 是 A'

» 'A 是 A'는 'A하기는 한데'라는 의미이며, 뒤에는 상반되는 이야기가 나오므로 대개 '可是', '但是' 등의 역접을 나타내는 접속사와 함께 쓰인다.

A: 你会做菜吗?   당신은 요리를 할 줄 아나요?
B: 会是会，可是做得不太好。   할 줄 알기는 아는데, 잘 못 해요.

Dialogue   ② 진행을 나타내는 '正…呢'

» '正…呢'는 '마침 ~하려던 참이다'라는 의미로, 어떤 동작을 마침 하고 있음, 즉 진행을 나타낸다.

A: 你想不想看电影?   (너) 영화 보고 싶어 안 보고 싶어?
B: 我正想看电影呢。   (나) 마침 영화가 보고 싶던 참이야.

Review & Writing

회화문을 들으며 직접 문장을 써 보세요. 🎧 01-07

A 你会打高尔夫吧?
너 골프 칠 줄 알지?

___

B 会是会，可是打得不太好。你打得怎么样?
할 줄 알기는 아는데, 그렇게 잘 치지 못해. 너는 치는 게 어떤데?

___

A 我也是初学者，打得不怎么样。
나도 초보자라, 별로 잘 못해.

___

B 你肯定打得不错，我才刚开始学。
너는 틀림없이 잘 치겠지, 난 이제 막 배우기 시작했거든.

___

A 我正想去练习场练练呢。你想不想去?
내가 마침 연습 좀 하러 연습장에 가려던 참인데, 너 가고 싶어?

___

B 太好了。正好我也跟你学学。
너무 좋다. 이참에 나도 너한테 배우면 좋겠네.

___

🎧 Exercise 다음 듣기와 독해 문제를 풀어 보세요.

1. 녹음에서 들려주는 문장을 듣고 내용과 일치하는 그림에 A, B, C를 적으세요. 🎧 01-08

   ❶ 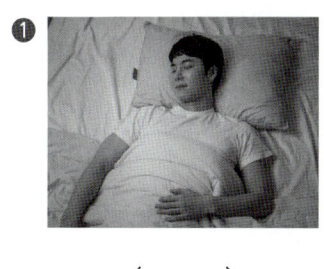 ❷   ❸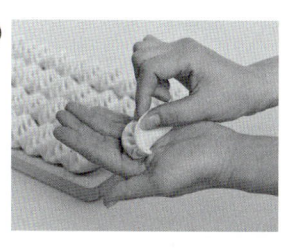

   (   )   (   )   (   )

2. 두 사람의 대화를 잘 듣고 질문에 알맞은 답을 골라 빈칸에 쓰세요. 🎧 01-09

   ❶ A 看电视   B 看电影   C 看书   (   )

   ❷ A 游泳   B 瑜伽   C 跑步   (   )

   ❸ A 喝酒   B 喝茶   C 唱歌   (   )

3. 다음 그림을 보고 알맞은 문장을 골라 빈칸에 쓰세요. (   )

   A 她们在图书馆，学得很认真。

   B 她们逛街逛得很累，买了不少东西。

   C 她们在食堂吃得很饱。

4. 보기에서 알맞은 단어를 골라 괄호 안에 넣으세요. (보기의 각 항목은 1회만 사용 가능!)

보기	A 玩儿	B 肯定	C 怎么样	D 商店	E 不

❶ 你想（　　）想去旅行?

❷ 你想逛（　　）吗?

❸ 他踢得（　　）?

❹ 她（　　）游戏玩儿得怎么样?

❺ 你（　　）打得不错。

5. 한어병음을 보고 해당되는 단어를 괄호 안에 써 넣으세요.

tī

❶ 他（　　　　）得很好。

lǔxíng

❷ 我想去（　　　　）。

de

❸ 你逛（　　　　）怎么样?

dǎ

❹ 他会（　　　　）高尔夫吗?

jiǎnféi

❺ 我不想（　　　　）。

6. 아래 단어를 알맞게 배열하여 올바른 문장으로 완성하세요.

❶ 不太 / 写 / 他 / 得 / 好

_____

❷ 会 / 你妹妹 / 做菜 / 不会

_____

❸ 喝 / 我 / 想 / 咖啡 / 不

_____

❹ 今天 / 你 / 穿 / 漂亮 / 得 / 很

_____

❺ 她 / 得 / 不 / 怎么样 / 舞跳

_____

7. 아래 문장을 읽고, 다음 질문에 알맞은 답을 고르세요.

> 我今年32岁，还没结婚。我的几个朋友也都没结婚。我妈妈说，快找对象，可是我现在一个人过得很好，还不想结婚。

★ 她想什么时候结婚?　(　　　)

A 今年　　　　B 明年　　　　C 没有打算

> 단어 对象 duìxiàng 명 파트너, 연인, 결혼 상대
> 过 guò 동 지내다

Speaking Practice 녹음을 듣고 문제를 풀어 보세요.

듣고 말하기 녹음을 잘 듣고 질문에 답해 보세요. 🎧 01-10

1. 녹음을 잘 듣고 전체 문장을 따라 말해 본 후 문장을 직접 써 보세요.

   ❶ _____

   ❷ _____

   ❸ _____

2. 녹음을 잘 듣고 간단하게 대답해 본 후 문장을 직접 써 보세요.

   ❶ _____

   ❷ _____

   ❸ _____

그림 보고 말하기 제시된 키워드를 사용해 그림의 내용에 맞게 작문하고 말해 보세요.

키워드   想 / 得 / 水果

_____

_____

Chapter 02

你要看哪本？

G Grammar 학습내용

Pattern 1 능원동사 '要'

Pattern 2 능원동사 '可以'

Pattern 3 능원동사 '可以'의 부정

Dialogue ❶ 관용표현 '哪儿的话'
❷ 관용표현 '睡懒觉'

Grammar

Pattern 1   능원동사 '要'

» '要'는 염원을 나타내는 능원동사로, 계획, 의지 등을 나타낸다.

구조	주어 + 要 + 동사서술어 (+ 빈어) 。

- 我要去北京。   나는 베이징에 가려고 해.
- 你要吃什么水果?   당신은 무슨 과일을 먹을 겁니까?

» 질문에 대한 대답은 능원동사 '要'에 초점을 두고 알맞게 한다.

- 我要吃苹果。   저는 사과를 먹으려고 합니다.

» 능원동사 '要'의 부정은 '不想(~하고 싶지 않다)', '不愿意(~하기 원하지 않다)'로 할 수 있다.

- 我不想去北京。   나는 베이징에 가고 싶지 않아.
- 我不愿意吃水果。   저는 과일을 먹고 싶지 않습니다.

☑ Check!

» '不要'는 '~하지 마라'라는 의미의 부사로, 금지를 나타낼 때 쓰는 표현이다.
- 你不要去那儿。   너 거기에 가지 마.

Pattern 2   능원동사 '可以'

» '可以'는 허락 또는 가능을 나타내는 능원동사로, 허락의 의미일 때에는 '~해도 된다'로 해석되고, 가능의 의미일 때에는 '~할 수 있다'로 해석할 수 있다.

구조	주어 + 可以 + 동사서술어 (+ 빈어) 。

- 我可以看(一)看吗?   제가 좀 봐도 될까요? [허락]
- 你可以来接我吗?   너 나를 마중하러 올 수 있어? [가능]

» 질문에 대한 대답은 긍정일 경우 '可以'를 활용하여 알맞게 하면 된다.

- 你可以看看。   (당신은) 좀 보셔도 됩니다. [허락]
- 我可以去接你。   나 너를 마중하러 갈 수 있어. [가능]

Pattern 3   능원동사 '可以'의 부정

» '可以'의 부정은 허락이냐 가능이냐의 의미에 따라 달라진다.

> **구조**   주어 + 不可以/不能 + 동사서술어 (+ 빈어)。

❶ 허락하지 않음을 나타낼 때: '不可以', '不能'

단, '不可以'는 단독으로 답할 수 있으나, '不能'은 단독으로 대답에 쓰일 수 없다.

- 你不可以(看)。   (당신은) 보시면 안 됩니다. / 안 됩니다.
- 你不能看。   (당신은) 보시면 안 됩니다.

❷ 가능하지 않음을 나타낼 때: '不能'

- 我不能去接你。   나 너를 마중하러 갈 수 없어.
- 我不能喝酒。   저는 술을 마실 수 없습니다.

Dialogue   ① 관용표현 '哪儿的话'

» 겸손하게 부정하는 '천만에요'라는 의미를 나타내며, '哪里哪里 nǎli nǎli'와 같다.

A: 太谢谢您了！   당신께 정말 감사 드려요!
B: 哪儿的话！   천만에요!

Dialogue   ② 관용표현 '睡懒觉'

» '睡觉'는 동사 '睡'와 명사 '觉'의 술빈구(동사서술어 + 빈어) 구조로 된 이합사이다. 이런 구조로 된 동사는 이미 단어 자체에 빈어를 포함하고 있기 때문에 뒤에 따로 빈어를 취할 수 없으며, 두 글자 사이에 조사나 수식 성분이 올 수 있다.

» '睡懒觉'는 동사 '睡'와 명사 '觉' 사이에 '게으르다'는 뜻의 형용사 '懒'을 넣어 '늦잠을 자다'라는 뜻으로 쓰인 관용표현이다.

- 我不喜欢睡懒觉，喜欢早睡早起。

  난 늦잠 자는 거 안 좋아하고, 일찍 자고 일찍 일어나는 거 좋아해.

> **단어**   起 qǐ 동 일어나다

Review & Writing
회화문을 들으며 직접 문장을 써 보세요. 🎧 02-07

A 我周六要去上海出差。 나 토요일에 상하이로 출장 갈 거야.

B 你要坐几点的飞机? 너 몇 시 비행기를 타야 하는데?

A 早上八点的。六点钟到机场。 아침 8시 거야. 6시에 공항에 도착해야 돼.

你可以送我吗? 너 나 데려다 줄 수 있어?

B 当然。那我们五点出发，怎么样? 물론이지. 그럼 우리 5시에 출발하는 거 어때?

A 那个时间不堵车，六点肯定能到。
그 시간에는 차가 막히지 않아서, 6시면 틀림없이 도착할 수 있을 거야.

那就辛苦你了。 그럼 네가 고생 좀 해 줘.

B 哪儿的话，只是这个周末不能睡懒觉了。
무슨 그런 말을, 그저 이번 주말에는 늦잠 자기는 틀린 거지.

Exercise 다음 듣기와 독해 문제를 풀어 보세요.

1. 녹음에서 들려주는 문장을 듣고 내용과 일치하는 그림에 A, B, C를 적으세요. 02-08

   ❶ (　　)　　❷  (　　)　　❸  (　　)

2. 두 사람의 대화를 잘 듣고 질문에 알맞은 답을 골라 빈칸에 쓰세요. 02-09

   ❶ A 家　　　　B 机场　　　　C 车站　　　　(　　)
   ❷ A 坐出租车　　B 走路　　　　C 开车　　　　(　　)
   ❸ A 加班　　　　B 吃饭　　　　C 喝酒　　　　(　　)

3. 다음 그림을 보고 알맞은 문장을 골라 빈칸에 쓰세요. (　　)

   A 他们要去超市买水果。
   B 他们在图书馆看书，不能打电话。
   C 他们现在开会，不能进去。

4. 보기에서 알맞은 단어를 골라 괄호 안에 넣으세요. (보기의 각 항목은 1회만 사용 가능!)

| 보기 | A 请假 | B 首 | C 明天 | D 不可以 | E 接 |

❶ 你可以来（　　）我吗?

❷ 我要听这（　　）歌。

❸ 我可以（　　）吗?

❹ 他（　　）要去上海出差。

❺ 这儿（　　）游泳。

5. 한어병음을 보고 해당되는 단어를 괄호 안에 써 넣으세요.

❶ 你可以（ gàosu ）我吗?

❷ 我可以（ shì ）一（ shì ）吗?

❸ 这儿不能（ pāizhào ）。

❹ 你来（ cháng ）一下。

❺ 你要去什么（ dìfang ）?

6. 아래 단어를 알맞게 배열하여 올바른 문장으로 완성하세요.

① 饮料 / 你 / 喝 / 要 / 什么

_____

② 我爸爸 / 要 / 高尔夫 / 打

_____

③ 座位 / 这个 / 坐 / 可以 / 吗

_____

④ 这部 / 不能 / 你 / 看 / 电影

_____

⑤ 要 / 我们 / 机场 / 去 / 送他

_____

7. 아래 문장을 읽고, 다음 질문에 알맞은 답을 고르세요.

> 我朋友很喜欢唱歌，也很喜欢跳舞，所以他每天下班回家后，都去广场跳舞。那儿有很多人一起跳舞，他们都跳得很高兴。今晚我也要跟他们一起去跳舞。

★ "我"打算去广场做什么？ （　　　）

A 唱歌　　　B 跳舞　　　C 回家

단어　广场 guǎngchǎng 명 광장

Speaking Practice 녹음을 듣고 문제를 풀어 보세요.

듣고 말하기 녹음을 잘 듣고 질문에 답해 보세요. 🎧 02-10

1. 녹음을 잘 듣고 전체 문장을 따라 말해 본 후 문장을 직접 써 보세요.

    ❶ _____

    ❷ _____

    ❸ _____

2. 녹음을 잘 듣고 간단하게 대답해 본 후 문장을 직접 써 보세요.

    ❶ _____

    ❷ _____

    ❸ _____

그림 보고 말하기 제시된 키워드를 사용해 그림의 내용에 맞게 작문하고 말해 보세요.

키워드 要 / 请假 / 旅游

_____

_____

Chapter 03

你学过吗?

G Grammar 학습내용

Pattern 1	경험을 나타내는 동태조사 '过'
Pattern 2	동태조사 '过'와 동량보어의 위치 ①
Pattern 3	동태조사 '过'와 동량보어의 위치 ②
Pattern 4	동태조사 '过'의 완전 부정 표현
Dialogue	❶ 접속사 '如果'
	❷ 동사의 중첩 형식

Pattern 1   경험을 나타내는 동태조사 '过'

» 경험을 나타내는 동태조사 '过'는 과거의 경험을 나타내는 동태조사로, 동사나 형용사서술어 뒤에 쓰인다. '过'는 동태조사로 쓰일 때에는 경성(guo)으로 읽는다.

구조	주어 + 동사서술어 + 过 + 빈어 。

- 我去过上海。   난 상하이에 가 봤어.
- 你学过汉语吗?   당신은 중국어를 배워 봤나요?

❶ 부정은 서술어 앞에 부정부사 '没'를 사용하고, 서술어 뒤에 '过'는 그대로 쓴다.
- 我没学过汉语。   나는 중국어를 배운 적이 없어요.

❷ 정반의문문은 '没'를 써서 동사의 긍정과 부정을 각각 쓴 후 '过'를 붙이거나, '过'를 붙인 채 '有没有'를 동사 앞에 써도 된다.
- 你去没去过上海?   너는 상하이에 가본 적이 있어 없어?
   (= 你有没有去过上海?)

Pattern 2   동태조사 '过'와 동량보어의 위치 ①

» 동량보어는 '수사 + 동량사'의 구조로, 동사 뒤에 사용하여 동작의 횟수를 나타내는 보어이다. 사용되는 동량사에 따라 조금씩 의미가 다르며, 자주 사용하는 동량사는 아래와 같다.

次 cì / 回 huí	번, 차례의 뜻으로 동작의 횟수를 의미	遍 biàn	같은 내용을 처음부터 끝까지 반복한 횟수를 의미
趟 tàng	왕복하는 횟수를 의미	场 chǎng	비, 바람, 전쟁, 경기, 공연 등의 횟수를 의미

❶ 동량보어는 기본적으로 '동사 + 过' 뒤에 위치한다.

구조 1	주어 + 동사 + 过 + 동량보어 。

- 我去过两趟。　　나는 두 번 가 봤어.
- 他看过五遍。　　그는 다섯 번 본 적이 있다.

❷ 빈어가 일반명사일 경우, 동량보어의 위치는 빈어 앞에 온다.

구조 2	주어 + 동사 + 过 + 동량보어 + 빈어(일반명사) 。

- 他看过五遍这部电影。　　그는 이 영화를 다섯 번 봤다.
- 我吃过几次中国菜。　　나는 중국음식을 몇 차례 먹어 봤어.

❸ 빈어가 인명이나 지명일 경우, 동량보어의 위치는 빈어 앞뒤에 모두 올 수 있다.

구조 3	주어 + 동사 + 过 + 동량보어 + 빈어(인명/지명) 。 주어 + 동사 + 过 + 빈어(인명/지명) + 동량보어 。

- 我找过一次小王。　　나는 샤오왕을 한 번 찾은 적이 있어. [인명]

  (= 我找过小王一次。)
- 我去过两次北京。　　저는 베이징에 두 차례 갔었습니다. [지명]

  (= 我去过北京两次。)

Pattern 3　　동태조사 '过'와 동량보어의 위치 ②

» 빈어가 대사일 경우, 동량보어의 위치는 반드시 빈어 뒤에 위치한다.

구조 4	주어 + 동사 + 过 + 빈어(대사) + 동량보어 。

- 我见过他两回。　　나는 그를 두 번 만난 적이 있어.
- 他来过这儿三趟。　　그는 여기에 세 차례 왔었어요.

Pattern 4 — 동태조사 '过'의 완전 부정 표현

» '한 번도 ~한 적이 없다'라는 의미를 나타내는 표현이다.

| 구조 | 주어 + 一 + 동량사 + 也没 + 동사 + 过 。 |

- 我一次也没吃过。　나는 한 번도 먹어 본 적이 없어.
- 他一遍也没听过。　그는 한 번도 들어 본 적이 없다.

❶ 빈어가 있을 경우, 빈어를 문장 맨 앞으로 도치시켜 강조할 수 있다.
- 上海我一趟也没去过。　상하이에 나는 한 번도 가 본 적이 없어요.
- 中国菜我一次也没吃过。　중국음식을 나는 한 번도 먹어 본 적이 없어.

❷ 이와 같은 표현으로 '从来 + 没'를 사용할 수 있다. '从来'는 '지금까지'라는 의미의 부사이다.
- 我从来没去过上海。　나는 지금까지 상하이에 가 본 적이 없어요.
- 我从来没吃过中国菜。　나는 지금까지 중국음식을 먹어 본 적이 없어.

Dialogue — ① 접속사 '如果'

» '如果'는 '만약'이란 의미를 나타내는 가정관계의 접속사이다.

- 如果你想去旅行，我可以带你去。
  만약 네가 여행 가고 싶다면, 내가 너를 데리고 갈 수 있어.
- 如果你想吃中国菜，我们一起去尝一下吧。
  만약 네가 중국음식을 먹고 싶다면, 우리 같이 가서 좀 먹어 보자.

Dialogue

② 동사의 중첩 형식

» 지속 가능한 동작을 나타내는 동사는 중첩하여 사용할 수 있다. 중첩한 동사의 의미는 대개 동작의 지속 시간이 짧고, 동작의 횟수가 적거나 동작을 가볍게 시도함을 나타낸다.

일음절 동사 중첩 형식: A(一)A	이음절 동사 중첩 형식: ABAB
看(一)看 좀 보다	学习学习 공부를 좀 하다
说(一)说 좀 말해 보다	休息休息 좀 쉬다
听(一)听 좀 들어 보다	准备准备 준비를 좀 하다
尝(一)尝 맛을 좀 보다	参观参观 참관을 좀 하다
谈(一)谈 이야기를 좀 하다	研究研究 연구를 좀 하다

- 你尝尝吧！　너 좀 먹어 봐!
- 你来这儿看一看。　당신 여기로 와서 좀 봐요.
- 我们休息休息吧。　우리 좀(잠시) 쉽시다.

✓ Check!

» 동사 뒤에 '一下'를 붙여 동사 중첩과 같은 의미를 나타낼 수 있다.

- 你尝一下吧！　너 좀 먹어 봐!
- 我们休息一下吧。　우리 좀(잠시) 쉽시다.

Review & Writing 회화문을 들으며 직접 문장을 써 보세요. 🎧 03-08

A 你练过瑜伽吗? 너 요가 해 본 적 있어?

B 我身体柔韧性太差，一次也没练过。
난 몸의 유연성이 너무 떨어져서 한 번도 해 본 적이 없어.

A 柔韧性差，就更需要练瑜伽啊。
유연성이 떨어진다면, 더욱 더 요가를 할 필요가 있어.

B 我也想过去学瑜伽，可是又怕学得不好。
나도 요가를 배우러 가 보고 싶었어. 그런데 또 잘 못 배울 것 같아 걱정돼.

A 如果你想学，我可以带你去试一下。
만약 네가 배우고 싶다면, 내가 너를 데리고 가서 한번 해 볼 수 있어.

B 真的吗? 那我就去试试? 정말? 그럼 나 한번 가서 해 볼까?

🎧 Exercise 다음 듣기와 독해 문제를 풀어 보세요.

1. 녹음에서 들려주는 문장을 듣고 내용과 일치하는 그림에 A, B, C를 적으세요. 🎧03-09

① (　　)　② (　　)　③ (　　)

2. 두 사람의 대화를 잘 듣고 질문에 알맞은 답을 골라 빈칸에 쓰세요. 🎧03-10

① A 打过　　　B 没打过　　　C 不知道　　　(　　)

② A 家附近　　B 学校附近　　C 公司附近　　(　　)

③ A 去旅游　　B 学习　　　　C 休息　　　　(　　)

3. 다음 그림을 보고 알맞은 문장을 골라 빈칸에 쓰세요. (　　)

A 我朋友最近去美国玩儿过，她玩儿得很高兴。

B 她没打过高尔夫，所以想跟朋友一起学学。

C 她去年学过瑜伽，现在瑜伽做得很好。

4. 보기에서 알맞은 단어를 골라 괄호 안에 넣으세요. (보기의 각 항목은 1회만 사용 가능!)

   보기   A 回   B 场   C 借   D 口   E 骑

   ❶ 你弟弟（　　）过摩托车吗?

   ❷ 我丢过一（　　）。

   ❸ 我打过两（　　）比赛。

   ❹ 我（　　）过他几次钱。

   ❺ 我一（　　）也没吃过。

5. 한어병음을 보고 해당되는 단어를 괄호 안에 써 넣으세요.

   biàn
   ❶ 我一（　　　　）也没听过。

   bāng
   ❷ 我（　　　　）过她一次。

   pīngpāngqiú
   ❸ 你打过（　　　　）吗?

   zhǎo
   ❹ 爸爸（　　　　）过你几次。

   tàng
   ❺ 中国她一（　　　　）也没去过。

6. 아래 단어를 알맞게 배열하여 올바른 문장으로 완성하세요.

❶ 我妈妈 / 瑜伽 / 过 / 练

_____

❷ 美国我 / 去过 / 也 / 一次 / 没

_____

❸ 什么地方 / 在 / 汉语 / 学 / 你

_____

❹ 搬 / 两次 / 他 / 过 / 家

_____

❺ 昨天 / 见过 / 三回 / 我 / 他

_____

7. 아래 문장을 읽고, 다음 질문에 알맞은 답을 고르세요.

> 我的一个朋友是中国人，中国我一次也没去过。放假以后我要跟他一起去中国玩儿，所以我最近学习汉语。

★ 放假以后他打算做什么？ (　　　)

　A 去中国　　　B 学汉语　　　C 见朋友

💬 Speaking Practice 녹음을 듣고 문제를 풀어 보세요.

듣고 말하기 녹음을 잘 듣고 질문에 답해 보세요. 🎧 03-11

1. 녹음을 잘 듣고 전체 문장을 따라 말해 본 후 문장을 직접 써 보세요.

   ❶ _____
   ❷ _____
   ❸ _____

2. 녹음을 잘 듣고 간단하게 대답해 본 후 문장을 직접 써 보세요.

   ❶ _____
   ❷ _____
   ❸ _____

그림 보고 말하기 제시된 키워드를 사용해 그림의 내용에 맞게 작문하고 말해 보세요.

키워드   见 / 过 / 歌手

_____
_____

Chapter 04

灯亮着。

G Grammar 학습내용

Pattern 1	상태의 지속을 나타내는 동태조사 '着'
Pattern 2	상태의 지속을 나타내는 동태조사 '着'와 존재문
Pattern 3	동작의 지속을 나타내는 동태조사 '着'
Pattern 4	동작의 지속을 나타내는 '着'와 연동문
Dialogue	❶ 의문대사 '怎么'
	❷ 관용표현 '…的时候'
	❸ 관용표현 '挺…的'

Grammar

Pattern 1 　　상태의 지속을 나타내는 동태조사 '着'

» '着'는 어떤 상태가 지속의 상태에 있음을 나타내는 동태조사로, 동사나 형용사서술어 뒤에 온다.

| 구조 | 주어 + 동사/형용사서술어 + 着 。 |

- 灯亮着。　　등이 켜져 있습니다.
- 电脑开着。　　컴퓨터가 켜져 있어.

Pattern 2 　　상태의 지속을 나타내는 동태조사 '着'와 존재문

» 존재문이란 사람이나 사물의 존재를 나타내는 문장으로, 주어 자리에 장소어구가 오는 것이 특징이고, 동사서술어 뒤에 상태 지속의 동태조사 '着'가 함께 온다.

| 구조 | 장소어구 + 동사서술어 + 着 + 빈어 。 |

- 门上贴着一张纸。　　문에 종이 한 장이 붙여져 있다.
- 床下堆着一堆垃圾。　　침대 밑에 쓰레기 한 무더기가 쌓여 있어.

✓ Check!

» 존재문의 빈어로 오는 명사는 보통 단독으로 쓰이지 않고, 수량구의 수식을 받는다.
- 后面停着一辆车。　　뒤쪽에 차가 한 대 세워져 있어.

Pattern 3 　　동작의 지속을 나타내는 동태조사 '着'

» '着'는 동사 뒤에서 동작이 지속되고 있음을 나타내기도 한다.

| 구조 | 주어 + 동사서술어 + 着 + 빈어 。 |

- 他听着音乐。　　그는 음악을 듣고 있어.
- 学生们踢着足球。　　학생들이 축구를 하고 있습니다.

Pattern 4 — 동작의 지속을 나타내는 '着'와 연동문

» 두 개의 동작이 연달아 일어나는 문장 형식을 연동문이라고 하며, 동사서술어1은 동사서술어2의 방식을 나타낸다. 이때 동사서술어1 뒤에는 동작 지속의 '着'가 함께 오는데, 해석은 '(동사서술어1)하면서 (동사서술어2)하다'라고 하면 된다.

구조 주어 + 동사서술어1 + **着** + 동사서술어2 + 빈어 。

- 他躺**着**看电视。 그는 누워서(누운 채로) 텔레비전을 봐요.
- 妈妈站**着**打电话。 어머니가 서서(선 채로) 전화를 하십니다.

Dialogue ① 의문대사 '怎么'

» '怎么'는 '어떻게'라는 의미 이외에, '왜, 어째서'라는 이유를 물을 때도 사용할 수 있다.

- 窗户**怎么**开着？ 창문이 왜 열려 있어?
- 他**怎么**不来？ 그는 왜 안 와요?

Dialogue ② 관용표현 '…的时候'

» '…的时候'는 '~(할) 때'라는 뜻으로 시점을 나타내는 표현이다. 앞에는 단어, 어구, 문장 등 다양한 형식이 올 수 있다.

- 下雨**的时候**，我不想出去。 비가 올 때 나는 나가고 싶지 않다.
- 你回来**的时候**，买一瓶果汁吧。 너 돌아올 때 주스 한 병 사 와.

Dialogue ③ 관용표현 '挺…的'

» '挺…的'는 '대단히 ~하다'라는 의미의 관용표현으로, 사이에는 형용사가 오며 이 형용사의 정도를 강조하는 표현이다.

- **挺**大**的** 정말 크다
- **挺**干净**的** 아주 깨끗하다
- **挺**不错**的** 매우 좋다
- **挺**幸福**的** 아주 행복하다

Review & Writing

회화문을 들으며 직접 문장을 써 보세요. 🎧 04-08

A 门怎么开着? 문이 왜 열려 있지?

B 刚才进屋的时候，忘关了。 방금 집에 들어올 때, 닫는 것을 잊었어.

A 你看我这件衣服怎么样? 네가 보기엔 내 이 옷 어때?

B 挺好看的，新买的? 아주 예쁜데, 새로 산 거야?

A 嗯，刚去百货商店买的。 응, 방금 백화점에 가서 산 거야.

明天我打算穿着去面试。 내일 나 (이거) 입고 면접 보러 갈 생각이야.

B 祝你好运! 행운을 빌어!

A 谢谢。你怎么又躺着看书啊? 快起来吧!
고마워. 너 왜 또 누워서 책을 보고 있어? 빨리 일어나!

Exercise 다음 듣기와 독해 문제를 풀어 보세요.

1. 녹음에서 들려주는 문장을 듣고 내용과 일치하는 그림에 A, B, C를 적으세요. 🎧 04-09

❶  ❷  ❸

(   )　　　　　　(   )　　　　　　(   )

2. 두 사람의 대화를 잘 듣고 질문에 알맞은 답을 골라 빈칸에 쓰세요. 🎧 04-10

❶ A 看报纸的　　B 戴着帽子的　　C 打着电话的　　(   )

❷ A 笔　　　　　B 词典　　　　　C 书包　　　　　(   )

❸ A 听音乐　　　B 吃饼干　　　　C 看电视　　　　(   )

3. 다음 그림을 보고 질문에 알맞은 답을 골라 빈칸에 쓰세요.

단어　爆米花 bàomǐhuā 명 팝콘

❶ 他们做什么?　　　(   )

   A 玩游戏　　　B 看电影　　　C 看电视

❷ 她做什么?　　　　(   )

   A 喝着红茶看电视　　B 吃着爆米花看电影　　C 喝着饮料看电影

4. 보기에서 알맞은 단어를 골라 괄호 안에 넣으세요. (보기의 각 항목은 1회만 사용 가능!)

| 보기 | A 哭着 | B 装 | C 纸 | D 扎 | E 好运 |

❶ 门上贴着一张（　　　）。

❷ 她（　　　）着头发。

❸ 妹妹（　　　）找妈妈。

❹ 祝你（　　　）！

❺ 包里（　　　）着钱。

5. 한어병음을 보고 해당되는 단어를 괄호 안에 써 넣으세요.

　　　　　　　　kāi
❶ 门怎么（　　　　　）着？

　　　　　　hǎokàn
❷ 挺（　　　　　）的，新买的？

　　　　　　　　wàng
❸ 出门的时候，（　　　　　）关了。

　　　　　　chuān　　　　　miànshì
❹ 明天我打算（　　　　　）着去（　　　　　）。

　　　　　　tǎng
❺ 你怎么又（　　　　　）着看书啊？

6. 아래 단어를 알맞게 배열하여 올바른 문장으로 완성하세요.

   ❶ 背 / 书包 / 妹妹 / 着

   _____

   ❷ 车 / "租" / 着 / 上 / 写

   _____

   ❸ 怎么 / 躺着 / 看 / 你 / 书

   _____

   ❹ 流着 / 眼泪 / 妈妈 / 电影 / 看

   _____

   ❺ 放着 / 抽屉 / 吹风机 / 里 / 一个

   _____

7. 아래 문장을 읽고, 다음 질문에 알맞은 답을 고르세요.

   > 这是我们的汉语教室。黑板上贴着"加油"两个字，墙上挂着两幅中国画，教室里有八张桌子。老师的桌子上放着一本汉语书，书上放着两支笔。

   ★ 笔在哪儿? （　　）

   A 墙上　　　B 汉语书上　　　C 黑板上

   > 단어　黑板 hēibǎn 몡 흑판, 칠판
   > 　　　加油 jiāyóu 동 힘을 더 내다, 응원하다, 격려하다

💬 Speaking Practice   녹음을 듣고 문제를 풀어 보세요.

듣고 말하기   녹음을 잘 듣고 질문에 답해 보세요.   🎧 04-11

1. 녹음을 잘 듣고 전체 문장을 따라 말해 본 후 문장을 직접 써 보세요.

   ❶ _____

   ❷ _____

   ❸ _____

2. 녹음을 잘 듣고 간단하게 대답해 본 후 문장을 직접 써 보세요.

   ❶ _____

   ❷ _____

   ❸ _____

그림 보고 말하기   제시된 키워드를 사용해 그림의 내용에 맞게 작문하고 말해 보세요.

키워드   有 / 着

_____

_____

Chapter 05

我在医院上班。

G Grammar 학습내용

Pattern 1 장소를 이끌어 내는 개사 '在'
Pattern 2 동작의 진행을 나타내는 부사 '在'
Pattern 3 동작의 진행을 나타내는 부사 '正在'
Dialogue 동사 '在'

Pattern 1   장소를 이끌어 내는 개사 '在'

» '在'는 '~에서'라는 뜻의 개사로, 뒤에는 장소를 나타내는 대사나 명사(구)가 온다. 개사는 명사, 대사 또는 명사성 어구의 앞에 위치하여 동사, 형용사와의 시간/방향/장소/대상/목적/방식/비교/피동 등의 관계를 나타내는 품사이다. 장소에 대해 물을 때에는 '개사 + 의문대사'의 형태로 질문할 수 있다.

| 구조 1 | 주어 + 개사 在 + 장소사 + 동사서술어 。 |
| 구조 2 | 주어 + 개사 在 + 의문대사 + 동사서술어 ？ |

- 我在图书馆学习。   나는 도서관에서 공부를 한다.
- 他在哪儿工作？   그는 어디에서 일하니?

» 질문에 대한 대답은 개사 '在' 뒤에 알맞은 장소를 넣으면 된다.
- 他在医院工作。   그는 병원에서 일합니다.

Pattern 2   동작의 진행을 나타내는 부사 '在'

» '在'는 또한 동사서술어 앞에서 어떤 활동이나 행위가 진행되고 있음을 나타내는 부사로도 쓰이는데, 대개 문장 끝에 '呢'와 함께 사용된다. 개사 '在'와 부사 '在'의 구분은 '在' 뒤에 명사가 있으면 장소를 나타내는 개사 또는 동사로, 뒤에 동사가 있으면 진행을 나타내는 부사로 쓰인 것으로 구별할 수 있다.

| 구조 | 주어 + 부사 在 + 동사서술어 + 빈어 + 呢 。 |

- 我在做运动呢。   나 운동하고 있어.
- 哥哥在吃饭呢。   형은(오빠는) 밥을 먹고 있어요.

Pattern 3   동작의 진행을 나타내는 부사 '正在'

» '正在'는 동사 앞에서 어떤 활동이나 행위가 진행되고 있음을 나타내는 부사로 쓰일 수 있다. '正'은 '때마침'이란 의미로, 비교적 짧은 시간 안에 구체적인 동작 행위가 진행되고 있음을 나타내며, '在'는 행위의 진행을 서술한다. 즉 '正在'는 '正'과 '在'의 쓰임을 모두 포함하고 있다고 할 수 있다. 문장 맨 끝의 '呢'는 생략이 가능하며 '正在', '正', '在' 모두 생략하고 문장 맨 끝에 '呢'만 써도 가능하다.

구조	주어 + 부사 正在 + 동사서술어 + 빈어 + (呢)。
	주어 + 부사 正 + 동사서술어 + 빈어 + (呢)。
	주어 + 부사 在 + 동사서술어 + 빈어 + (呢)。
	주어 + 동사서술어 + 빈어 + 呢 。

- 我正在旅行(呢)。　　나는 마침 여행 중이다.
- 我正旅行(呢)。　　나는 마침 여행하고 있다.
- 我在旅行(呢)。　　나는 지금 여행 중이다.
- 我旅行呢。　　나는 여행하고 있다.

✅ Check!

» '正'만으로도 진행을 나타낼 수 있는데, 이 경우 일반적으로 뒤에는 반드시 '呢'를 써 주거나 단순한 동사가 아닌 동사 뒤에 비교적 복잡한 성분이 와야 한다.

- 他正看。（×）　　➡ 他正看呢。（○）
- 他正打电话。（×）　　➡ 他正打着电话呢。（○）

Dialogue　　동사 '在'

» '在'는 동사로도 쓰이는데 동사일 때에는 '~에 있다'라는 의미이며, 존재를 나타낸다.

구조	주어 + 동사 在 + 장소사 。

- 你爸在家呢，你敲一下门。　　너희 아버지가 집에 계시니까 네가 문을 한번 두드려 봐.
- 老师在学校。　　선생님은 학교에 계십니다.

✅ Check!　　'在'의 품사 짐작하기

» '在'는 문장 속에서 여러 품사로 쓰일 수 있는 단어이므로 문장마다 어떤 품사로 쓰였는지 잘 확인해야 한다. 문장에서 '在' 외에 다른 동사가 없다면 '在'는 동사로 쓰인 것이며, '在' 외에 다른 동사가 존재한다면 '在'는 앞서 배운 개사나 부사로 쓰인 것이다.

- 我在吃饭呢。　[在 + 동사]　　➡ '在'는 동작의 진행을 나타내는 부사
- 我在家。　　　[在 + 장소명사]　➡ '在'는 동작의 존재를 나타내는 동사
- 我在家吃饭。[在 + 장소명사 + 동사]　➡ '在'는 동작의 장소를 나타내는 개사

Review & Writing
회화문을 들으며 직접 문장을 써 보세요. 🎧 05-08

A 喂，妈，您在做什么呢? 　여보세요? 엄마, 지금 뭐하고 계세요?

___

B 我在洗碗呢，怎么了? 　엄마 설거지 하고 있는 중인데, 왜?

___

A 我出门的时候忘带饭盒了。 　제가 나올 때 도시락 가지고 오는 것을 잊었어요.

___

B 饭盒在哪儿呢? 　도시락 어디에 뒀는데?

___

A 在桌子上。 　책상 위에요.

___

B 那你等一下，我现在下楼。 　그럼 (너) 잠깐 기다려, 엄마가 지금 내려갈게.

___

A 好的，我在停车场等你。 　좋아요, 제가 주차장에서 (당신을) 기다릴게요.

___

Exercise 다음 듣기와 독해 문제를 풀어 보세요.

1. 녹음에서 들려주는 문장을 듣고 내용과 일치하는 그림에 A, B, C를 적으세요. 🎧 05-09

❶ (   )   ❷ (   )   ❸ (   )

2. 두 사람의 대화를 잘 듣고 질문에 알맞은 답을 골라 빈칸에 쓰세요. 🎧 05-10

❶ A 看电视   B 学习   C 踢球   (   )

❷ A 看报纸   B 玩儿游戏   C 上班   (   )

❸ A 喝咖啡   B 买东西   C 学习   (   )

3. 다음 그림을 보고 질문에 알맞은 답을 골라 빈칸에 쓰세요.

단어 眼镜 yǎnjìng 명 안경

❶ 他们在干什么呢?   (   )

　A 开会   B 聚餐   C 旅行

❷ 戴眼镜的女的在做什么呢?   (   )

　A 准备报告呢   B 学习呢   C 睡觉呢

4. 보기에서 알맞은 단어를 골라 괄호 안에 넣으세요. (보기의 각 항목은 1회만 사용 가능!)

보기	A 系	B 款式	C 正在	D 实习	E 没

① 我在公司（　　）。

② 我在（　　）鞋带呢。

③ 这种（　　）正在流行。

④ 学校（　　）放假。

⑤ 我（　　）在运动。

5. 한어병음을 보고 해당되는 단어를 괄호 안에 써 넣으세요.

① 我（　méi　）在休息。

② 我在（　xǐ wǎn　）呢，（　zěnme　）了?

③ 那你（　děng yíxià　），我现在下楼。

④ 我们在（　tíngchēchǎng　）见吧。

⑤ 我正在（　kǎolǜ　）去不去呢。

6. 아래 단어를 알맞게 배열하여 올바른 문장으로 완성하세요.

❶ 准备 / 呢 / 考试 / 在 / 小李
_____

❷ 款式 / 正 / 在 / 这种 / 流行
_____

❸ 正在 / 报告 / 写 / 呢 / 我
_____

❹ 在 / 哪儿 / 饭盒 / 呢
_____

❺ 的时候 / 忘带 / 出门 / 手机 / 了
_____

7. 아래 문장을 읽고, 다음 질문에 알맞은 답을 고르세요.

> 今天是周末，爸爸、妈妈和我在家休息。爸爸在看电视，妈妈在读书，我在玩儿电脑游戏。弟弟和他的朋友打算坐飞机去旅行，他在准备行李。

★ 弟弟在做什么？　（　　　）

　A 玩儿游戏　　　B 准备行李　　　C 休息

Speaking Practice 녹음을 듣고 문제를 풀어 보세요.

듣고 말하기 녹음을 잘 듣고 질문에 답해 보세요. 🎧 05-11

1. 녹음을 잘 듣고 전체 문장을 따라 말해 본 후 문장을 직접 써 보세요.

    ❶ _____

    ❷ _____

    ❸ _____

2. 녹음을 잘 듣고 간단하게 대답해 본 후 문장을 직접 써 보세요.

    ❶ _____

    ❷ _____

    ❸ _____

그림 보고 말하기 제시된 키워드를 사용해 그림의 내용에 맞게 작문하고 말해 보세요.

| 키워드 | 正在 / 考虑 / 减肥 |

_____

_____

Chapter 06

他比我高。

G Grammar 학습내용

- **Pattern 1** 비교를 나타내는 개사 '比'
- **Pattern 2** 비교 구문의 부정 형식
- **Pattern 3** 두 대상이 비슷함을 나타내는 동등 비교
- **Dialogue** ❶ 수량사 '俩'
  ❷ 동사 '以为'

Pattern 1 : 비교를 나타내는 개사 '比'

» '比'는 '~보다'라는 뜻의 비교 대상을 이끄는 개사로, 개사 '比'로 비교를 나타내는 문장을 '比'자문 이라고 한다. '比'자문은 두 대상의 성질, 정도, 수량 등의 차이를 비교하므로 '차등 비교문'이라고 한다.

❶ '比'자문의 기본 구조

구조   주어 + 개사 比 + 비교 대상 + 비교 결과 。

- 我比他高。   나는 그보다 커.

❷ '比'자문에 사용 가능한 비교부사

구조   주어 + 개사 比 + 비교 대상 + 还/更 + 비교 결과 。

- 我比他还高。   나는 그보다 더 커.
- 我比他更高。   나는 그보다 훨씬 커.

❸ '比'자문에서 차이의 정도를 표현하기

구조   주어 + 개사 比 + 비교 대상 + 비교 결과 + 一点儿/一些/多了/很多/수치 。

- 我比他高一点儿(一些)。   나는 그보다 약간 커.
- 我比他高很多(多了)。   나는 그보다 훨씬 커.
- 我比他高3厘米。   나는 그보다 3센티미터 커.

✓ Check!

» 비교 결과에는 상태보어도 올 수 있다.   상태보어는 Chapter 01 참고
  - 我比他做得好。   나는 그보다 잘한다.

Pattern 2 : 비교 구문의 부정 형식

» 비교 구문의 부정은 일반적으로 '不比'보다는 '没有'를 사용하여 나타내는데, 주어가 비교 대상의 정도에 이르지 못했음을 의미한다.

구조	주어 + 没有 + 비교 대상 + 비교 결과 。

- 我没有他高。　나는 그만큼 크지 않아.
- 我没有她漂亮。　나는 그녀만큼 예쁘지 않아요.

Pattern 3　두 대상이 비슷함을 나타내는 동등 비교

» 동등 비교는 두 사람 또는 두 사물의 상태나 특징이 비슷함을 비교하는 것이다.

구조	주어 + 개사 跟/和 + 비교 대상 + 一样 (+ 비교 결과) 。

- 我跟他一样高。　나는 그와 키가 같아. (키가 똑같이 커.)
- 左脚跟右脚一样大。　왼발은 오른발과 크기가 같다. (크기가 똑같이 크다.)

» 동등 비교의 부정은 '不一样'으로 한다.

구조	주어 + 개사 跟/和 + 비교 대상 + 不一样 (+ 비교 결과) 。

- 我跟他不一样高。　나는 그와 키가 같지 않아. (키가 똑같이 크지 않아.)
- 左脚跟右脚不一样大。　왼발은 오른발과 크기가 같지 않다. (크기가 똑같이 크지 않다.)

Dialogue　① 수량사 '俩'

» '俩'는 수량사로, '두 개' 또는 '두 사람'을 의미한다. '两个'와 같은 의미이다.
- 他知道我们俩。　그는 우리 두 사람을 알아.
- 房间里只有他们俩。　방에는 그들 두 사람뿐이에요.
- 一共五个，我吃了俩。　모두 다섯 개인데 내가 두 개 먹었어.

Dialogue　② 동사 '以为'

» 동사 '以为'는 '~라고 생각했었다'라는 의미로, 알게 된 상황이 원래 생각했던 바와 다름을 표현할 때 사용한다.
- 我以为他30多岁呢。　나는 그가 30대인 줄 알았어요.
- 他是老师吗？我以为他是学生。　그 사람 선생님이야? 난 (그가) 학생이라고 생각했는데.

🎧 Review & Writing 회화문을 들으며 직접 문장을 써 보세요. 🎧 06-08

A 前天你是不是和一位美女一起回家了? 그저께 너 어떤 미녀와 같이 집에 갔지?

_____

快说！她是谁？ 빨리 말해! 그녀는 누구야?

_____

B 什么啊？她是我妹妹。 뭐? 그녀는 내 여동생이야.

_____

A 是吗？你们俩长得不像，以为是你女朋友呢。
정말? 너희 두 사람 생긴 게 안 닮아서, 네 여자친구라고 생각했어.

_____

B 我女朋友比她漂亮多了。 내 여자친구는 그녀보다(내 동생보다) 훨씬 더 예쁘거든?

_____

A 你女朋友也会说汉语吗？ 네 여자친구도 중국어 할 줄 알아?

_____

B 她汉语说得很好。我的汉语没有她说得流利。
그녀는 중국어 잘해. 나의 중국어는 그녀만큼 유창하지 못하지.

_____

Exercise 다음 듣기와 독해 문제를 풀어 보세요.

1. 녹음에서 들려주는 문장을 듣고 내용과 일치하는 그림에 A, B, C를 적으세요. 06-09

   ❶    ❷   ❸

   (   )   (   )   (   )

2. 두 사람의 대화를 잘 듣고 질문에 알맞은 답을 골라 빈칸에 쓰세요. 06-10

   ❶ A 妈妈   B 爷爷   C 小李   (   )

   ❷ A 生日   B 爱好   C 星座   (   )

   ❸ A 今天   B 昨天   C 前天   (   )

3. 다음 그림을 보고 아래 문장에 들어갈 알맞은 단어를 골라 빈칸에 쓰세요.

   ❶ 这里是(   )。

      A 书店   B 商店   C 咖啡厅

   ❷ 这里跟图书馆一样(   )。

      A 认真   B 安静   C 热闹

Chapter 06. 他比我高。 51

4. 보기에서 알맞은 단어를 골라 괄호 안에 넣으세요. (보기의 각 항목은 1회만 사용 가능!)

   | 보기 | A 更 | B 一样 | C 跟 | D 安静 | E 没有 |

   ❶ 他比我（　　）高。

   ❷ 我（　　）她诚实。

   ❸ 他的体重跟我（　　）。

   ❹ 书店跟图书馆一样（　　）。

   ❺ 左脚（　　）右脚不一样大。

5. 한어병음을 보고 해당되는 단어를 괄호 안에 써 넣으세요.

   límǐ
   ❶ 他比我高三（　　　　）。

   chéngshí
   ❷ 我们都没她（　　　　）。

   bú xiàng
   ❸ 你们俩长得（　　　　）。

   Yǐwéi
   ❹ （　　　　）是你女朋友呢。

   táo
   ❺ 妹妹跟弟弟一样（　　　　）。

6. 아래 단어를 알맞게 배열하여 올바른 문장으로 완성하세요.

❶ 我 / 流利 / 没有你 / 得 / 说

_____

❷ 不 / 左腿 / 一样 / 长 / 跟右腿

_____

❸ 我 / 更 / 比你 / 可怜

_____

❹ 和一位美女 / 你 / 看到 / 我 / 一起 / 回家

_____

❺ 比她 / 我女朋友 / 漂亮 / 了 / 多

_____

7. 아래 문장을 읽고, 다음 질문에 알맞은 답을 고르세요.

> 今年我和女朋友一起去北京旅游，参观了故宫，吃了我喜欢的中国菜。可是我最喜欢的还是我们住的酒店，非常干净，和家里一样舒服。下次去北京我还住这家酒店。

★ 这次旅游他最喜欢的是什么？ （　　　）

A 故宫　　　　B 中国菜　　　　C 酒店

단어 故宫 Gùgōng 명 고궁 [베이징에 있는 청대(清代)의 궁전을 가리킴]

Speaking Practice 녹음을 듣고 문제를 풀어 보세요.

듣고 말하기 녹음을 잘 듣고 질문에 답해 보세요. 🎧 06-11

1. 녹음을 잘 듣고 전체 문장을 따라 말해 본 후 문장을 직접 써 보세요.

   ❶ _____

   ❷ _____

   ❸ _____

2. 녹음을 잘 듣고 간단하게 대답해 본 후 문장을 직접 써 보세요.

   ❶ _____

   ❷ _____

   ❸ _____

그림 보고 말하기 제시된 키워드를 사용해 그림의 내용에 맞게 작문하고 말해 보세요.

키워드   比 / 健康 / 一样

_____

_____

Chapter 07

我做完了。

G Grammar 학습내용

- **Pattern 1** 결과를 나타내는 보어: 결과보어
- **Pattern 2** '把'자문
- **Pattern 3** 결과보어와 '把'자문의 부정
- **Dialogue** 능원동사 '得'

Grammar

Pattern 1 — 결과를 나타내는 보어: 결과보어

» 결과보어는 동작 또는 변화가 가져온 결과를 나타내며, 앞의 동사/형용사서술어 뒤에 결과적 의미를 나타내는 동사/형용사가 연이어 온다. 이때 동태조사 '了', '过'가 올 수도 있는데, 조사는 결과보어 뒤에 위치해야 한다.

❶ 결과보어의 기본 구조

구조 주어 + 동사/형용사서술어 + 결과보어(동사/형용사) + 동태조사 了。

- 我听见了。　　내가 들었어.
- 老师写错了。　　선생님께서 잘못 쓰셨다.

❷ 형용사는 대부분이 결과보어로 쓰일 수 있으며, 결과보어로 주로 쓰이는 동사에는 '完 wán', '见 jiàn', '到 dào', '成 chéng', '懂 dǒng', '走 zǒu', '跑 pǎo', '会 huì', '住 zhù', '掉 diào', '翻 fān', '倒 dào', '作 zuò', '丢 diū' 등이 있다. 결과보어가 나오더라도 빈어를 취할 수 있으며, 빈어는 결과보어 뒤에 위치해야 한다.

- 我做完作业了。　　나는 숙제를 다 했다.
- 她找到我的手表了。　　그녀가 내 시계를 찾았어요.

Pattern 2 — '把'자문

» '把'자문은 동작의 대상이 되는 빈어의 처리 결과를 강조하기 위한 문형으로, 개사 '把'는 빈어를 서술어 앞으로 끌어내는 역할을 한다. 이 때 빈어는 대개 확정적이고 이미 알고 있는 내용이어야 하며, 동작을 나타내는 서술어는 그 처리 결과를 나타내는 기타 성분이 반드시 있어야 한다.

구조 주어 + 把 + 빈어 + 서술어 + 기타 성분(결과/방향/정태/수량 등)。

- 我把手机关了。　　나 휴대전화 껐어.
- 我把药吃完了。　　저는 약을 다 먹었어요.

Pattern 3 — 결과보어와 '把'자문의 부정

» 결과보어와 '把'자문의 부정은 부정부사 '没'로 한다. '没'의 위치는 서술어 앞이며, 특히 '把'자문의 경우에는 '把'자 앞에 놓아야 함에 주의한다.

구조 1	주어 + 没 + 서술어 + 결과보어 。
구조 2	주어 + 没 + 把 + 빈어 + 서술어 + 결과보어 。

- 我没说完。   내 말 다 마치지 않았어.
- 他没把报告写好。   그는 보고서를 다 쓰지 않았어요.

Dialogue — 능원동사 '得'

» 능원동사 '得'는 '~해야 한다'는 뜻으로, '得'가 능원동사로 쓰일 때에는 'děi'로 발음해야 하며 동사 앞에 위치한다.
- 我得去学校。   나 학교에 가야 해.
- 你得背单词。   당신은 단어를 외워야 해요.

» 부정은 '不得'가 아닌 '不用', '不必'로 해야 한다. 모두 '~할 필요 없다'라는 의미이다.
- 你不用去学校。   너는 학교에 갈 필요 없어.
- 你不必背单词。   당신은 단어를 외울 필요 없어요.

🎧 Review & Writing 회화문을 들으며 직접 문장을 써 보세요. 🎧07-07

A 教练的游泳动作，你看清楚了吗? 코치님의 수영 동작, 너 확실히 봤어?

B 我没看清楚，太难了。 나 잘 못 봤어, 너무 어렵다.

A 那你再看看我怎么游。 그럼 너 내가 어떻게 헤엄치는지 다시 좀 봐 봐.

B 哇，我觉得你比教练游得还好呢。 와, 내 생각엔 네가 코치님보다 더 잘 헤엄치는 것 같은데.

A 我本来是个旱鸭子，后来天天练，才把动作练好的。
내가 원래는 맥주병이었는데, 후에 매일매일 연습해서, 겨우 동작을 잘 하게 됐어.

B 看来，今后我得多练习练习。 보아하니, 오늘부터 나도 연습 좀 많이 해야겠다.

🎧 Exercise 다음 듣기와 독해 문제를 풀어 보세요.

1. 녹음에서 들려주는 문장을 듣고 내용과 일치하는 그림에 A, B, C를 적으세요. 🎧07-08

❶  ❷ 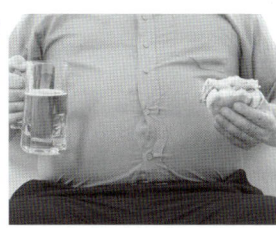 ❸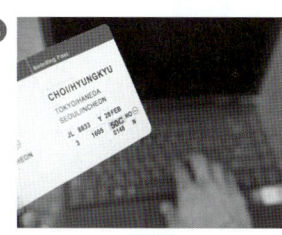

(　　　)　　　(　　　)　　　(　　　)

2. 두 사람의 대화를 잘 듣고 질문에 알맞은 답을 골라 빈칸에 쓰세요. 🎧07-09

❶ A 明天　　B 后天　　C 今天　　(　　　)

❷ A 车上　　B 桌子上　　C 包里　　(　　　)

❸ A 门　　B 手机　　C 窗户　　(　　　)

3. 다음 그림을 보고 질문에 알맞은 답을 골라 빈칸에 쓰세요.

❶ 他要去哪儿？　(　　　)

　A 北京　　B 上海　　C 首都

❷ 机票订好了吗？　(　　　)

　A 订好了　　B 没订　　C 不订

4. 보기에서 알맞은 단어를 골라 괄호 안에 넣으세요. (보기의 각 항목은 1회만 사용 가능!)

| 보기 | A 写 | B 弄 | C 退 | D 完 | E 倒 |

❶ 我把单背（　　）了。

❷ 她把钱（　　）了。

❸ 我把水（　　）了。

❹ 弟弟把作业（　　）完了。

❺ 他把事情（　　）清楚了。

5. 한어병음을 보고 해당되는 단어를 괄호 안에 써 넣으세요.

　　　　　　qīngchu
❶ 他把事情弄（　　　　）了。

　　　　　　dòngzuò
❷ 后来天天练，才把（　　　　）练好的。

　　　　　　bàogào
❸ 我没把（　　　　）写好。

　　　　　　yào
❹ 我把（　　　　）吃了。

　　　　　　guān
❺ 我把门（　　　　）了。

6. 아래 단어를 알맞게 배열하여 올바른 문장으로 완성하세요.

❶ 还 / 你 / 游得 / 比教练 / 好

_____

❷ 完 / 没 / 作业 / 我 / 把 / 做

_____

❸ 怎么 / 看看你 / 我 / 再 / 游

_____

❹ 了 / 把 / 洗 / 我 / 衣服 / 完

_____

❺ 了 / 秘书 / 订 / 把 / 机票 / 好

_____

7. 아래 문장을 읽고, 다음 질문에 알맞은 답을 고르세요.

> 今天上课的时候，老师讲得太难了，我没听懂。晚上我打算把今天学过的再看一遍，如果还是觉得很难，再去问问其他同学。

★ 老师讲得怎么样？　（　　　）

　A 很简单　　　B 非常难　　　C 不知道

★ "我"打算怎么做？　（　　　）

　A 问老师　　　B 再听一遍　　　C 再看一遍

Speaking Practice 녹음을 듣고 문제를 풀어 보세요.

듣고 말하기 녹음을 잘 듣고 질문에 답해 보세요. 🎧 07-10

1. 녹음을 잘 듣고 전체 문장을 따라 말해 본 후 문장을 직접 써 보세요.

   ❶ _____

   ❷ _____

   ❸ _____

2. 녹음을 잘 듣고 간단하게 대답해 본 후 문장을 직접 써 보세요.

   ❶ _____

   ❷ _____

   ❸ _____

그림 보고 말하기 제시된 키워드를 사용해 그림의 내용에 맞게 작문하고 말해 보세요.

키워드   好 / 完 / 考试

_____

_____

Chapter 08

我找得到。

G Grammar 학습내용

Pattern 1 가능을 나타내는 보어: 가능보어

Pattern 2 기타 가능보어 '…得了/…不了'

Pattern 3 단순방향보어와 '来', '去'

Pattern 4 복합방향보어

Dialogue ❶ 부사 '果然'

❷ 관용표현 '怎么 + 谢 + 사람'

Pattern 1   가능을 나타내는 보어: 가능보어

» 가능과 불가능을 나타내는 결과보어는 동사 뒤에 '得 de (가능)/不 bu (불가능)'를 사용하여 동작이 가능한 결과 또는 방향을 나타내는 단어와 연결하여 나타낼 수 있다.

❶ 가능보어의 기본 구조

| 구조 | 주어 + 동사 + 得/不 + 결과 또는 방향을 나타내는 단어 。 |

- 我听得懂。   나는 알아들을 수 있어.
- 我听不懂。   나는 알아들을 수 없어.
- 我写得完。   나는 다 썼어.
- 我写不完。   나는 다 못 썼어.

❷ '得/不' 뒤에 와서 결과 또는 방향을 나타내는 것은 보통 한 글자 또는 두 글자로 된 단어이다. 자주 쓰이는 것으로는 '完 wán', '见 jiàn', '到 dào', '懂 dǒng', '动 dòng', '了 liǎo', '上 shàng', '过 guò', '起 qǐ', '起来 qǐlái' 등이 있다.

- 他话说得很慢，我听得懂。   그가 말을 천천히 해서 나는 알아들을 수 있어.
- 那个箱子太重了，我拿不动。   그 상자가 너무 무거워서 저는 들 수가 없어요.

❸ 가능보어 뒤에 빈어가 있다면, 빈어는 일반적으로 가장 뒤에 위치하거나 이음절 방향보어 중간에 위치한다.

- 我找不到钱包。   나 지갑을 찾을 수가 없어.
- 我听得懂这位外国人说的话。   나 이 외국인이 한 말 알아들을 수 있어.
- 我想不起他的名字来了。 / 我想不起来他的名字了。
  나는 그의 이름을 생각해 낼 수 없었다.

Pattern 2   기타 가능보어 '…得了/…不了'

» 동사나 형용사 뒤에 '得了 de liǎo / 不了 bu liǎo'를 붙여 동작의 가능이나 불가능을 나타낸다.

구조   주어 + 동사/형용사 + 得了/不了 (+ 빈어)。

- 我吃得了。   나 (다) 먹을 수 있어.
- 我真受不了这样的天气。   나는 정말 이런 날씨를 못 견디겠어.

Pattern 3   단순방향보어와 '来', '去'

» '来 lái', '去 qù'는 단순방향동사로서, 다른 동사 뒤에 쓰여서 동작의 방향을 나타내는 단순방향보어가 된다.

구조   주어 + 동사 + 来/去 (+ 빈어)。

- 他回去了。   그는 돌아갔어.
- 我拿来了一些书。   내가 책들을 좀 가져왔어요.

✅ Check!

» 단순방향동사로는 '来', '去' 외에 '上 shàng', '下 xià', '进 jìn', '出 chū', '回 huí', '过 guò', '起 qǐ' 등이 있다. 이들 역시 다른 동사 뒤에 사용되어 하나의 동작 방향을 나타내는 단순방향보어가 될 수 있다.

- 她哭着跑出教室了。   그녀는 울면서 교실을 뛰쳐나갔다.
- 我每天上班的时候，走过那个市场。   나는 매일 출근할 때, 그 시장을 걸어서 지난다.

Pattern 4   복합방향보어

» 복합방향보어는 단순방향동사 '上', '下', '进', '出', '回', '过', '起'와 '来', '去'가 조합되어 두 가지의 동작 방향을 나타내는 것을 말한다.

	上	下	进	出	回	过	起
来	上来	下来	进来	出来	回来	过来	起来
去	上去	下去	进去	出去	回去	过去	×

구조   주어 + 동사 + 복합방향보어 (+ 기타 성분) 。

- 他跑进去了。   그가 뛰어 들어갔다.
- 妈妈拿回来了。   엄마가 가지고 돌아오셨어.

✓ Check!   방향보어 문장에서 빈어의 위치

» 방향보어 문장에서 빈어가 있을 때 빈어의 위치는 방향보어 '来 / 去'가 있느냐, '来 / 去' 이외의 단순방향동사가 있느냐에 따라 위치가 달라지며, 또한 빈어가 장소이냐 아니냐에 따라 위치가 달라진다.

» '来 / 去' 이외의 단순방향동사가 있을 때에는 무조건 'S + V + O' 기본 구조를 생각하며 방향보어 뒤에 빈어를 위치시키면 된다. 방향보어 '来 / 去'가 있을 때 빈어가 장소라면 '来 / 去' 앞에 빈어를 두어야 하며, 빈어가 일반 명사라면 방향보어 '来 / 去' 뒤에 위치한다.

- 我们走进了教室。   우리는 교실로 걸어 들어갔다.
- 我们进教室来了。   우리는 교실에 들어왔다.
- 他寄来了一份礼物。   그가 선물 하나를 보내 왔다.

Dialogue ① 부사 '果然'

» '과연'이란 의미로, 말한 것과 생각한 것이 그대로 결론으로 나타날 때 사용하는 부사이다.

- 他说要下雨，果然下雨了。　그가 비가 올 거라고 하더니, 과연 비가 왔네.
- 他那么努力学习，果然考了一百分。
  그는 그렇게 열심히 공부하더니, 과연 100점을 맞았다.

Dialogue ② 관용표현 '怎么 + 谢 + 사람'

» '怎么谢'는 '어떻게 감사하나요?'라는 의미로, 무엇인가 답례를 해야 할 때 자주 사용되는 표현 중의 하나이다. 뒤에는 사람이 온다. '怎么 + 동사'로 '어떻게 (동사)하나요?'라고 응용하여 다양하게 쓸 수 있다.

- 这我怎么谢你们呢?　이거 제가 어떻게 당신들께 감사를 해야 하는 건지요?
- 真不知道怎么谢他们。　정말 어떻게 그들에게 감사를 해야 할지 모르겠네요.

Review & Writing
회화문을 들으며 직접 문장을 써 보세요. 08-07

A 我找不到帽子了。　(내) 모자를 못 찾겠어.

B 是什么帽子啊?　무슨 모자인데?

A 那是我们公司经理买来的礼物，很贵重的。赶紧帮我找一下!
그거 우리 회사 사장님이 사온 선물이라, 매우 귀한 거야. 빨리 나를 도와서 좀 찾아 줘!

B 你把那个箱子拿出来看看。　너 그 트렁크 꺼내 와서 좀 봐 봐.

虽然我记得不太清楚，但好像在箱子里见过。
비록 내가 정확하게 기억하는 것은 아니지만, 그 트렁크 안에서 본 것 같아.

A 找到了! 果然在箱子里。谢谢你!　찾았다! 과연 트렁크 안에 있네. 고마워!

B 哈哈! 那你怎么谢我啊?　하하! 그럼 너 나에게 어떻게 보답할 건데?

A 我现在出去买点儿好吃的回来。　내가 지금 나가서 맛있는 것 좀 사 올게.

🎧 Exercise   다음 듣기와 독해 문제를 풀어 보세요.

1. 녹음에서 들려주는 문장을 듣고 내용과 일치하는 그림에 A, B, C를 적으세요. 🎧 08-08

①    ②    ③

（　　）　　　　　　（　　）　　　　　　（　　）

2. 두 사람의 대화를 잘 듣고 질문에 알맞은 답을 골라 빈칸에 쓰세요. 🎧 08-09

① A 带走　　　B 不吃　　　C 吃完　　　　（　　）

② A 吃饭　　　B 喝咖啡　　C 看电影　　　（　　）

③ A 下来了　　B 没下来　　C 上去了　　　（　　）

3. 다음 그림을 보고 질문에 알맞은 답을 골라 빈칸에 쓰세요.

① 她在做什么？　　　（　　）

　A 跑步　　　B 听歌　　　C 练瑜伽

② 她：　　　　　　　（　　）

　A 跑下来了　　B 跑上去了　　C 走进来了

4. 보기에서 알맞은 단어를 골라 괄호 안에 넣으세요. (보기의 각 항목은 1회만 사용 가능!)

| 보기 | A 起来 | B 懂 | C 来 | D 帮 | E 谢 |

❶ 我看不（　　）资料。

❷ 他站（　　）了。

❸ 赶紧（　　）我找一下。

❹ 你怎么（　　）我啊?

❺ 公司招（　　）了一名员工。

5. 한어병음을 보고 해당되는 단어를 괄호 안에 써 넣으세요.

　　　　　　　　　　　　guìzhòng

❶ 那是我们公司经理买来的礼物，很（　　　　　）的。

　　　　Guǒrán

❷ （　　　　　）在箱子里。谢谢你!

　　　　Gǎnjǐn

❸ （　　　　　）帮我找一下!

　　　　　zhǎo

❹ 老板（　　　　　）来了一位助手。

　　　　　dǒng

❺ 我看不（　　　　　）资料。

6. 아래 단어를 알맞게 배열하여 올바른 문장으로 완성하세요.

❶ 帽子 / 找 / 到 / 不 / 我

_____

❷ 找 / 老板 / 了 / 来 / 一位助手

_____

❸ 跑 / 小孩 / 下 / 了 / 来

_____

❹ 箱子 / 把 / 你 / 那个 / 拿 / 出来

_____

❺ 买点儿 / 我 / 好吃的 / 回来 / 出去

_____

7. 아래 문장을 읽고, 다음 질문에 알맞은 답을 고르세요.

> 上午，我的帽子找不到了。那是我朋友去中国的时候买来的礼物。小李说他好像在箱子里见过。我把箱子拿出来一看，它果然在箱子里。

★ "我"找不到什么？（　　　）

　A 小李　　　　B 帽子　　　　C 箱子

★ 小李：　　　　（　　　）

　A 买了帽子　　B 丢了帽子　　C 见过帽子

💬 Speaking Practice 녹음을 듣고 문제를 풀어 보세요.

듣고 말하기 녹음을 잘 듣고 질문에 답해 보세요. 🎧 08-10

1. 녹음을 잘 듣고 전체 문장을 따라 말해 본 후 문장을 직접 써 보세요.

   ❶ _____

   ❷ _____

   ❸ _____

2. 녹음을 잘 듣고 간단하게 대답해 본 후 문장을 직접 써 보세요.

   ❶ _____

   ❷ _____

   ❸ _____

그림 보고 말하기 제시된 키워드를 사용해 그림의 내용에 맞게 작문하고 말해 보세요.

키워드   招 / 认真 / 懂

_____

_____

Chapter 09

你学了几年?

G Grammar 학습내용

- **Pattern 1** 시량보어 ①
- **Pattern 2** 시량보어 ②
- **Pattern 3** 빈어가 있는 시량보어 ①
- **Pattern 4** 빈어가 있는 시량보어 ②
- **Dialogue** ❶ '是…的' 구문
  ❷ 부사 '原来'

Grammar

Pattern 1 — 시량보어 ①

» 시량보어는 시간의 양을 나타내는 말로, 주로 동사나 형용사서술어 뒤에 쓰여 동작이나 상태의 지속 시간을 나타낸다. 서술어와 시간 표현 사이에는 완료를 나타내는 동태조사 '了 le'를 사용한다. 시량을 물어볼 때는 '多长时间 duō cháng shíjiān / 多久 duō jiǔ (얼마 동안)'를 사용한다.

구조   주어 + 동사/형용사서술어 + 완료의 동태조사 了 + 시량보어 。

A: 她学了多久? 　그녀는 얼마나 배웠나요?
B: 她学了五年。　그녀는 5년 동안 배웠어요.

Pattern 2 — 시량보어 ②

» 시량보어 ①처럼 완료를 나타내는 동태조사 '了'만 사용할 경우, 현재까지 지속되는지의 진행 여부는 불확실하다. 시량보어 ①의 표현에서 완료를 나타내는 동태조사 '了'와 함께 어기조사 '了'도 사용하는 형식의 경우, 현재까지도 계속되고 있음을 의미한다.

구조   주어 + 동사/형용사서술어 + 완료의 동태조사 了 + 시량보어 + 어기조사 了 。

A: 她学了多久了? 　그녀는 얼마나 배웠나요?
B: 她学了五年了。　그녀는 5년 동안 배웠어요.(그리고 지금도 배우고 있어요)

Pattern 3 — 빈어가 있는 시량보어 ①

» 시량보어 구조에서 빈어가 있을 경우, 동사서술어를 두 번 반복하여 사용하며, 이 때 앞의 동사서술어는 생략이 가능하다.

구조   주어 + 동사서술어 + 빈어 + 동사서술어 + 완료의 동태조사 了 + 시량보어 。
　　　　주어 + 빈어 + 동사서술어 + 완료의 동태조사 了 + 시량보어 。

- 我学汉语学了七个月。　나는 중국어를 7개월 배웠어.
 (= 我汉语学了七个月。)

Pattern 4 — 빈어가 있는 시량보어 ②

» 이 형식은 시량보어 문장에서 빈어가 있을 경우 사용하는 두 번째 문장 구조로, 시량보어와 빈어를 구조조사 '的'로 연결한다. 이 때 '的'는 생략 가능하다.

구조 주어 + 동사서술어 + 완료의 동태조사 了 + 시량보어 (+ 的) + 빈어 。

- 我学了七个月的汉语。   나는 중국어를 7개월 배웠어.
  (= 我学了七个月汉语。)

» 빈어가 인칭대사일 경우, 빈어는 반드시 시량보어 앞에 위치한다.

구조 주어 + 동사서술어 + 완료의 동태조사 了 + 빈어(인칭대사) + 시량보어 。

- 我等了她半个小时。   나는 그녀를 30분 기다렸어요.

Dialogue ① '是…的' 구문

» 일이 발생한 구체적인 시간, 장소, 방식, 목적, 행위자 등을 확실히 강조해 말하고 싶을 때 '是…的' 구문을 사용한다.

A: 你们俩是什么时候认识的？   당신 둘은 언제 알게 됐어요?
B: 我们俩是去年认识的。   우리 둘은 작년에 알게 됐어요.
A: 你们俩是在哪儿认识的？   당신 둘은 어디에서 알게 됐어요?
B: 我们俩是在中国认识的。   우리 둘은 중국에서 알게 됐어요.
A: 你们俩是怎么认识的？   당신 둘은 어떻게 알게 됐어요?
B: 我们俩是朋友介绍的。   우리 둘은 친구 소개로 알게 됐어요.

Dialogue ② 부사 '原来'

» '原来'는 '원래, 알고 보니'의 의미를 나타내는 부사로, 나중에 실제 상황을 알게 되었음을 강조한다.

- 原来是你呀。   알고 보니 바로 너였구나.
- 原来是这样！   원래 이랬던 거였군요!

Review & Writing
회화문을 들으며 직접 문장을 써 보세요. 09-07

A 听说你们快要结婚了。你们交往了几年?
듣자 하니 너희 곧 결혼한다며. 너희 몇 년 사귀었어?

B 我们交往了五年。其实我是一见钟情，但她不是。
우리 5년 사귀었어. 사실 나는 첫눈에 반했는데, 그녀는 아니었지.

A 你们是在哪儿认识的? 너희 어디서 알게 된 것인데?

B 我在补习班学汉语的时候，她是我们班的汉语老师。
내가 학원에서 중국어를 배울 때, 그녀가 우리 반 중국어 선생님이었어.

A 原来你们是师生恋啊? 알고 보니 너희들 교사와 학생 간에 연애를 한 거구나?

B 我追了她很久，她才同意跟我交往的。
내가 그녀를 오랫동안 쫓아다녔더니, (그녀가) 그제서야 나랑 사귀는 것에 동의했지.

Exercise 다음 듣기와 독해 문제를 풀어 보세요.

1. 녹음에서 들려주는 문장을 듣고 내용과 일치하는 그림에 A, B, C를 적으세요. 🎧 09-08

   ❶ ( )   ❷  ( )   ❸  ( )

2. 두 사람의 대화를 잘 듣고 질문에 알맞은 답을 골라 빈칸에 쓰세요. 🎧 09-09

   ❶ A 十分钟　　　B 一个小时　　　C 两个小时　　　( )
   ❷ A 一个月　　　B 两个月　　　　C 三个月　　　　( )
   ❸ A 一年　　　　B 两年　　　　　C 三年　　　　　( )

3. 다음 그림을 보고 질문에 알맞은 답을 골라 빈칸에 쓰세요.

   ❶ 他们在做什么?　　( )
      A 打乒乓球　　B 打羽毛球　　C 打车

   ❷ 他们打多长时间?　( )
      A 一个小时　　B 两个小时　　C 三个小时

Chapter 09. 你学了几年?　77

4. 보기에서 알맞은 단어를 골라 괄호 안에 넣으세요. (보기의 각 항목은 1회만 사용 가능!)

| 보기 | A 讲 | B 住 | C 等 | D 坐 | E 打 |

① 我在北京（　　）了两个月。

② 我（　　）了一个小时的羽毛球。

③ 父母（　　）了你两年。

④ 你故事（　　）了几个小时?

⑤ 我（　　）了十分钟的公交车。

5. 한어병음을 보고 해당되는 단어를 괄호 안에 써 넣으세요.

　　　　guàng

① 你（　　　　）了多长时间了?

　　　　Qíshí

② （　　　　）我是一见钟情，但她不是。

　　　　Yuánlái

③ （　　　　）你们是师生恋啊?

　　　　zhuī

④ 我（　　　　）了她很久。

　　　　jiāowǎng

⑤ 你们（　　　　）了几年?

6. 아래 단어를 알맞게 배열하여 올바른 문장으로 완성하세요.

❶ 等了 / 你 / 几个月 / 了

_____

❷ 小说 / 多久 / 看 / 你 / 看了

_____

❸ 听了 / 我 / 的 / 音乐 / 一个小时

_____

❹ 听说 / 了 / 快要 / 你们 / 结婚

_____

❺ 同意 / 她 / 交往 / 跟我

_____

7. 아래 문장을 읽고, 다음 질문에 알맞은 답을 고르세요.

> 我在北京已经学了两年的汉语，但还是觉得说得不太好，我打算再学一年以后回韩国。

★ 他现在在哪儿?　　(　　)

　A 北京　　　B 韩国　　　C 上海

★ 他汉语学了几年?　　(　　)

　A 一年　　　B 两年　　　C 三年

Speaking Practice 녹음을 듣고 문제를 풀어 보세요.

듣고 말하기 녹음을 잘 듣고 질문에 답해 보세요. 🎧 09-10

1. 녹음을 잘 듣고 전체 문장을 따라 말해 본 후 문장을 직접 써 보세요.

   ❶ _____

   ❷ _____

   ❸ _____

2. 녹음을 잘 듣고 간단하게 대답해 본 후 문장을 직접 써 보세요.

   ❶ _____

   ❷ _____

   ❸ _____

그림 보고 말하기 제시된 키워드를 사용해 그림의 내용에 맞게 작문하고 말해 보세요.

| 키워드 | 打太极拳 / 坐公交车 / 公园 |

Chapter 10
她给我发一条微信。

G Grammar 학습내용

Pattern 1 개사 '给'
Pattern 2 개사 '跟'
Pattern 3 개사 '向'
Pattern 4 개사 '对'
Dialogue 의견을 구하는 '…, 好吗?'

Grammar

Pattern 1 — 개사 '给'

» '给'는 대상을 이끌어 내는 개사로, 의미는 '~에게'이다. 접수자나 수익자 혹은 수혜자를 이끌어 낸다.

구조	주어 + 给 + 대상 + 서술어

- 我给他打电话。　　나는 그에게 전화를 한다.
- 老师给学生留作业。　　선생님께서 학생에게 숙제를 내 주십니다.

» 부사와 능원동사는 일반적으로 개사 앞에 위치한다. 따라서 금지를 나타내는 부사 '别'나, 부정을 나타내는 부사 '不'와 '没', 그 외 부사 그리고 능원동사는 개사 앞에 놓는다.

- 你别给他打电话。　　(너) 걔한테 전화하지 마.
- 我没给他打电话。　　나는 그에게 전화하지 않았어.
- 我常常给他打电话。　　나는 자주 그에게 전화를 해.
- 我要给他打电话。　　나는 그에게 전화를 하려고 해.

✓ Check!

» 일반적으로 중국어에서 동사서술어 앞에 올 수 있는 품사로는 부사, 능원동사, 개사구(개사 + 명사)가 있는데 그 순서는 '부사 → 능원동사 → 개사구'임을 기억하자.

- 我不想给他打电话。　　나는 그에게 전화하고 싶지 않다.

Pattern 2 — 개사 '跟'

» 개사 '跟'은 동작을 같이 하거나 동작과 관련된 사람 또는 사물을 이끌어 낸다. 이와 비슷한 개사로는 '和 hé'가 있다.

구조	주어 + 跟 + 대상 + 서술어

- 你别跟我开玩笑。　　너 나에게 농담하지 마.
- 她每天跟妈妈一起去买菜。　　그녀는 매일 엄마와 함께 장을 보러 간다.

Pattern 3   개사 '向'

» 개사 '向'은 동작의 방향을 가리키거나 동작의 대상, 특히 본받는 대상을 이끌어 낸다.

구조	주어 + 向 + 대상 + 서술어

- 我们都向老师学习。   우리는 모두 선생님을 본받아 배워야 한다.
- 他每天早上向我父母问好。   그는 매일 아침 우리 부모님께 문안인사를 합니다.

✓ Check!

» '向'과 함께 자주 쓰이는 동사로는 '请教(qǐngjiào, 가르침을 청하다)', '打听(dǎting, 물어보다)', '要求(yāoqiú, 요구하다)', '借(jiè, 빌리다)', '问好(wènhǎo 안부를 묻다)' 등이 있다.

Pattern 4   개사 '对'

» 개사 '对'는 동작의 대상에 대해 모종의 태도를 부여한다.

구조	주어 + 对 + 대상 + 서술어

- 爸爸对我太严厉。   아빠가 내게 너무 엄격해.
- 他对你有意见。   그 사람이 너한테 불만 있더라.

Dialogue   의견을 구하는 '⋯, 好吗?'

» 문장에서 맨 뒤에 위치하여, 의견을 제시하고 상대방의 동의를 구하는 표현이다. 비슷한 의미로 '⋯, 好不好?', '⋯, 怎么样?'도 사용할 수 있다.

- 我们去中国旅游，好吗?   우리 중국 여행 가는 거 어때?
- 你先去问问他，好不好?   네가 먼저 가서 그에게 좀 물어보는 게 어때?
- 我们下午一起去书店，怎么样?   우리 오후에 같이 서점에 가는 거 어때?

🎧 Review & Writing 회화문을 들으며 직접 문장을 써 보세요. 🎧 10-07

A 小王，你去药店给我买一点儿感冒药，好吗?
샤오왕, (당신) 약국에 가서 나에게 감기약 좀 사다 줄래요?

B 经理，您感冒了啊。不用去医院看看吗?
매니저님, (당신) 감기 걸리셨군요. 병원에 가 보셔야 하지 않을까요?

A 我想先吃点儿药看看。 (내가) 먼저 약을 좀 먹어 보고 나서 보려고 해요.

B 好的。我现在去买。 좋아요. 제가 지금 사러 갈게요.

A 你跟药剂师说，我咳嗽、嗓子疼。 (당신이) 약사에게 내가 기침을 하고, 목이 아프다고 말해 줘요.

B 您要是觉得难受，还是向老板请假吧。
(당신이) 만약 견디기 힘들다면, 아무래도 사장님께 휴가를 신청하시는 게 낫겠어요.

A 上午十点我还得跟客户开会呢。 오전 10시에 (내가) 또 고객과 회의를 해야 해서요.

B 您对工作真是尽心尽力啊。 매니저님은 업무에 정말로 최선을 다하시네요.

🎧 Exercise 다음 듣기와 독해 문제를 풀어 보세요.

1. 녹음에서 들려주는 문장을 듣고 내용과 일치하는 그림에 A, B, C를 적으세요. 🎧10-08

❶
❷
❸

(　　)　　(　　)　　(　　)

2. 두 사람의 대화를 잘 듣고 질문에 알맞은 답을 골라 빈칸에 쓰세요. 🎧10-09

❶ A 感冒了　　B 不用去医院　　C 先吃药看看　　(　　)

❷ A 下午　　　B 下班以后　　　C 明天　　　　　(　　)

❸ A 工作忙　　B 肚子疼　　　　C 嗓子难受　　　(　　)

3. 다음 그림을 보고 질문에 알맞은 답을 골라 빈칸에 쓰세요.

❶ 她哪儿不舒服?　(　　)

　A 头疼　　　B 嗓子疼　　　C 咳嗽

❷ 她去医院了吗?　(　　)

　A 她去了。　B 她没去。　　C 她打算去。

4. 보기에서 알맞은 단어를 골라 괄호 안에 넣으세요. (보기의 각 항목은 1회만 사용 가능!)

| 보기 | A 感谢 | B 打 | C 跟 | D 玩笑 | E 意见 |

❶ 我给经理（　　　）一个电话。

❷ 我跟你开（　　　）。

❸ 董事长向员工们表示（　　　）。

❹ 我对老师有（　　　）。

❺ 我（　　　）药剂师说嗓子疼。

5. 한어병음을 보고 해당되는 단어를 괄호 안에 써 넣으세요.

　　　　　　　gěi
❶ 她（　　　　　）我发一条微信。

　　　　　　　gēn
❷ 老板常常（　　　　　）员工们聚餐。

　　　　　　　xiàng
❸ 我（　　　　　）你学习。

　　　　　　　duì
❹ 爸爸（　　　　　）我太严厉。

　　　　　　　diǎnr
❺ 我想先吃（　　　　　）药看看。

6. 아래 단어를 알맞게 배열하여 올바른 문장으로 완성하세요.

❶ 一双球鞋 / 教练 / 准备 / 给队员

_____

❷ 别 / 我 / 说谎 / 你 / 对

_____

❸ 客户 / 跟 / 我 / 开会

_____

❹ 请假 / 领导 / 向 / 我

_____

❺ 对妈妈 / 我 / 讲 / 真话

_____

7. 아래 문장을 읽고, 다음 질문에 알맞은 답을 고르세요.

> 我昨天下午开始嗓子疼，还有点儿咳嗽。可是昨晚加班，下班比较晚，所以没去医院，去药店买了一点儿感冒药。

★ 他怎么了?　　　(　　)

　A 头疼　　　B 肚子疼　　　C 感冒了

★ 他去医院了吗?　　　(　　)

　A 他去了。　　　B 他没去。　　　C 他打算去。

💬 Speaking Practice 녹음을 듣고 문제를 풀어 보세요.

듣고 말하기 녹음을 잘 듣고 질문에 답해 보세요. 🎧 10-10

1. 녹음을 잘 듣고 전체 문장을 따라 말해 본 후 문장을 직접 써 보세요.

   ❶ _____

   ❷ _____

   ❸ _____

2. 녹음을 잘 듣고 간단하게 대답해 본 후 문장을 직접 써 보세요.

   ❶ _____

   ❷ _____

   ❸ _____

그림 보고 말하기 제시된 키워드를 사용해 그림의 내용에 맞게 작문하고 말해 보세요.

| 키워드 | 难受 / 上班 / 感冒药 |

_____

_____

Chapter 11

从3号到9号出差。

G Grammar 학습내용

Pattern 1 개사 '从', '到'

Pattern 2 개사 '往', '离'

Pattern 3 개사 '被'가 있는 피동문

Dialogue ❶ 부사 '就'

❷ '可别…了' 구문

Grammar

Pattern 1 — 개사 '从', '到'

» '从'은 출발 시점과 기점을 나타내는 개사로 '~로부터'라는 뜻이며, '到'는 도착 시간과 장소를 나타내는 개사로 '~까지'라는 의미이다.

구조   从 + 시간 또는 장소(기점) + 到 + 시간 또는 장소(도달점)

- 我弟弟从9点到11点上课。   내 남동생은 9시부터 11시까지 수업해요.
- 从我家到学校需要十分钟。   우리 집에서 학교까지는 10분 걸려.

Pattern 2 — 개사 '往', '离'

» 개사 '往'은 뒤에 장소명사만 빈어로 취하며, '~를 향하여'라는 의미를 나타낸다.

구조   (주어) + 往 + 장소명사 + 서술어

- 从这儿往前走。   여기에서 직진하세요.
- 到了银行，往左拐。   은행에 도착하면 좌회전하세요.

» 개사 '离'는 공간이나 시간에 있어 두 지점 사이의 거리나 격차를 계산하는 기점을 나타낸다. '(장소1/시간1)은 (장소2/시간2)로부터 (얼마)가 걸린다'의 뜻이다.

구조   장소1/시간1 + 离 + 장소2/시간2 + 거리 또는 격차

- 我家离学校很远。   우리 집은 학교로부터 멀어.
- 离下课时间还有十分钟。   수업을 마칠 때까지는 아직 10분 남았어요.

Pattern 3 — 개사 '被'가 있는 피동문

» 개사 '被'는 동작 행위자를 이끌어 내며, '~에 의해 ~되다'라는 피동의 의미를 나타낸다. 이 때 동사 서술어 뒤에는 당한 결과를 나타내는 기타 성분이 반드시 있어야 한다. 개사 '被'가 들어간 문장을 '被'자문이라고 하며, 이 '被'자문은 부정적인 의미일 때에 주로 쓰고, '被' 뒤의 동작 행위자는 생략 가능하다.

구조   주어(행위를 받는 대상) + 被 + 동작 행위자 + 동사 + 기타 성분。

- 钱包被人偷走了。   지갑을 누군가에게 소매치기 당했다.
- 钱包被偷走了。   지갑을 소매치기 당했다.

» 피동을 나타내는 개사로는 '叫 jiào', '让 ràng', '给 gěi' 등이 있으며, 용법과 의미는 거의 같다. 다만 '被'는 서면어에서 자주 사용되고, 구어에서는 '叫', '让', '给'가 사용된다.

☑ Check!
» 부정적인 의미뿐만 아니라 긍정적 의미를 나타내기도 한다.
- 教室被同学们打扫得很干净。   학우들이 교실을 깨끗이 청소했다.

Dialogue ① 부사 '就'

» 부사 '就'는 '곧, 바로'라는 의미로 쓰이는데, 어떤 일이나 상황, 목표에 도달하는 시간이 빠름을 나타내기도 한다.
- 走十分钟就到了。   걸어서 10분이면 바로 도착해.
- 一个月很快就过去了。   한 달이 매우 빨리 지나가 버렸어.

Dialogue ② '可别…了' 구문

» '可别…了'는 '~하지 마라, ~하지 않도록 해라'라는 의미를 나타낸다. 여기서 '可'는 강조의 의미를 나타내는 부사이다.
- 你可别迟到了。   너 지각하지 않도록 해.
- 你可别做梦了。   꿈도 야무지네. (꿈도 꾸지 마)

Review & Writing 회화문을 들으며 직접 문장을 써 보세요. 11-08

A 中午一起吃饭，怎么样? 점심에 같이 밥 먹는 거 어때?

B 我从一点到三点有个会议，咱们晚上吃可以吗?
내가 1시부터 3시까지 회의가 있는데, 우리 저녁에 먹는 거 괜찮아?

A 好啊。我发现一家寿司店，味道不错。想带你去尝尝。
좋아. 내가 어떤 초밥 가게를 발견했는데, 맛이 괜찮아. 너를 데리고 가서 맛을 좀 보게 하고 싶어.

B 寿司店离公司远吗? 초밥 가게가 회사에서 멀어?

A 离我们公司不远。走十分钟就到了。
우리 회사에서 멀지 않아. 걸어서 10분이면 도착해.

B 那就好。吃完晚饭后，我还得回公司加班呢。
그거 잘됐네. 저녁 먹고 나서 나는 다시 회사로 돌아와서 야근해야 해.

A 你可别被工作累倒了。 너 일 때문에 힘들어서 쓰러지는 건 안 돼. (쓰러지지는 마.)

Exercise 다음 듣기와 독해 문제를 풀어 보세요.

1. 녹음에서 들려주는 문장을 듣고 내용과 일치하는 그림에 A, B, C를 적으세요. 🎧11-09

   ❶    ❷   ❸

   (   )　　　　　(   )　　　　　(   )

2. 두 사람의 대화를 잘 듣고 질문에 알맞은 답을 골라 빈칸에 쓰세요. 🎧11-10

   ❶ A 这个周一　　B 这个周六　　C 下个周六　　(   )

   ❷ A 在家　　　　B 没带　　　　C 被偷了　　　(   )

   ❸ A 坐地铁　　　B 打车　　　　C 坐火车　　　(   )

3. 다음 그림을 보고 질문에 알맞은 답을 골라 빈칸에 쓰세요.

   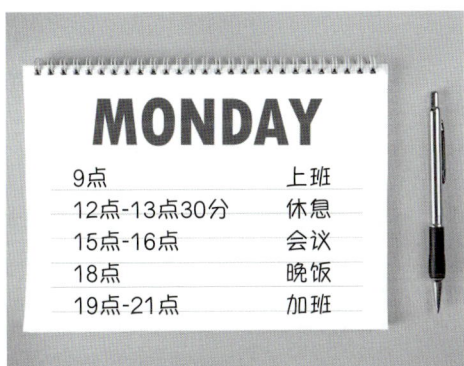

   ❶ 她什么时候下班?　　(   )

   　 A 18点　　　B 19点　　　C 21点

   ❷ 她几点开会?　　(   )

   　 A 12点-13点　　B 15点-16点　　C 19点-21点

4. 보기에서 알맞은 단어를 골라 괄호 안에 넣으세요. (보기의 각 항목은 1회만 사용 가능!)

| 보기 | A 需要 | B 有 | C 拐 | D 走 | E 炒 |

① 到路口往左（　　）。

② 从机场到酒店（　　）两个小时。

③ 她被（　　）鱿鱼了。

④ 从首尔到釜山（　　）五百多公里。

⑤ 钱被小偷偷（　　）了。

5. 한어병음을 보고 해당되는 단어를 괄호 안에 써 넣으세요.

① （　Cóng　）5楼（　dào　）8楼是写字间。

② 大家（　wǎng　）前看。

③ （　Lí　）毕业还有一年。

④ 我（　bèi　）老板说了。

⑤ 走十分钟（　jiù　）到了。

6. 아래 단어를 알맞게 배열하여 올바른 문장으로 완성하세요.

   ❶ 被 / 吃得 / 很干净 / 饭菜 / 我们

   _____

   ❷ 被 / 打 / 杯子 / 碎了 / 我

   _____

   ❸ 往 / 走 / 从 / 这儿 / 前

   _____

   ❹ 不 / 商场 / 离车站 / 远

   _____

   ❺ 是 / 工厂 / 从 / 七栋 / 一栋 / 到

   _____

7. 아래 문장을 읽고, 다음 질문에 알맞은 답을 고르세요.

   最近我发现了一家不错的中餐厅。这家餐厅离公司很近，走五分钟就能到。我去过几次，觉得菜的味道都不错，下次带朋友去尝尝。

   ★ 他说的中餐厅远吗？　　　(　　)
   　A 离家很近　　　B 离公司不远　　　C 离朋友家近

   ★ 他说的中餐厅怎么样？　　(　　)
   　A 菜的味道不好　B 菜的味道很好　　C 菜的味道不太好

   단어　餐厅 cāntīng 명 (호텔, 역, 비행장 등의) 식당

💬 Speaking Practice 녹음을 듣고 문제를 풀어 보세요.

듣고 말하기 녹음을 잘 듣고 질문에 답해 보세요. 🎧 11-11

1. 녹음을 잘 듣고 전체 문장을 따라 말해 본 후 문장을 직접 써 보세요.

    ❶ _____

    ❷ _____

    ❸ _____

2. 녹음을 잘 듣고 간단하게 대답해 본 후 문장을 직접 써 보세요.

    ❶ _____

    ❷ _____

    ❸ _____

그림 보고 말하기 제시된 키워드를 사용해 그림의 내용에 맞게 작문하고 말해 보세요.

키워드   打碎 / 老板 / 把 / 被

_____

_____

Chapter 12

老板让我加班。

G Grammar 학습내용

Pattern 1 사역동사 '让'과 겸어문
Pattern 2 사역동사 '请'과 겸어문
Pattern 3 이중빈어문
Dialogue ❶ 추측을 나타내는 능원동사 '会'
　　　　　　❷ 형용사 중첩 '好好儿'

Pattern 1 — 사역동사 '让'과 겸어문

» '让'은 '~에게 ~을 시키다'라는 의미를 가진 사역동사이다. 사역동사 '让'의 빈어가 뒤에 나오는 동사의 주어 역할도 겸하는 문장 형식을 겸어문이라고 한다.

구조	주어 + 사역동사 让 + 빈어/주어 + 동사

- 妈妈让我打扫房间。 엄마가 내게 방 청소를 시키셨어.
- 老师让他回答问题。 선생님께서 그에게 질문에 답하라고 하신다.

» 부정문의 경우, 부정부사 '不'를 겸어문의 사역동사 앞에 놓으며, 금지의 의미를 나타낸다.

- 妈妈不让我出去玩儿。 엄마가 나를 못 나가 놀게 하셔.

» 동태조사 '了', '着', '过'는 일반적으로 사역동사가 아닌 두 번째 동사 뒤에 온다.

- 老师让学生背了很多单词。 선생님께서 학생들에게 많은 단어를 외우게 하셨어요.

» 능원동사는 보통 사역동사 앞에 놓는다.

- 我想让你帮我看一下。 난 네가 (나를 도와) 한번 봐 줬으면 좋겠어.

Pattern 2 — 사역동사 '请'과 겸어문

» '请'은 '~에게 청하여 ~하게 하다'라는 의미를 가진 사역동사이다. 사역동사 '请'의 빈어가 뒤에 나오는 동사의 주어 역할도 겸하는 문장 형식을 겸어문이라고 한다.

구조	(주어) + 사역동사 请 + 빈어/주어 + 동사

- 请你把门关上。 (당신은) 문을 닫아 주세요.
- 我请老板讲话。 나는 사장님이 말씀하시도록 했다.
- 他请她先上车。 그는 그녀가 먼저 차에 타도록 했다.

Pattern 3 — 이중빈어문

» 중국어의 동사 중에는 빈어를 두 개 취할 수 있는 동사들이 있는데, 이런 문장을 이중빈어문이라 한다. 이 때 빈어 1에는 주로 사람이, 빈어 2에는 사물이 온다.

| 구조 | 주어 + 동사 + 빈어 1(사람) + 빈어 2(사물) 。 |

- 我找他十块钱。   제가 그에게 10위안을 거슬러 줍니다.
- 我还你一本书。   내가 너에게 책 한 권을 돌려준다.

✓ Check!

» 이중빈어를 취하는 상용 동사로는 '给 gěi', '教 jiāo', '找 zhǎo', '还 huán', '送 sòng', '借 jiè', '问 wèn', '告诉 gàosu', '拜托 bàituō' 등이 있다.

Dialogue ① 추측을 나타내는 능원동사 '会'

» 능원동사 '会'는 능력을 나타내는 것 외에 추측과 예측을 나타내기도 한다. 이 때는 '~할 것이다'라는 의미로, 문장 끝에 '的'를 수반하기도 한다. 능력, 가능을 나타내는 '会'는 Chapter 01 참고

- 他一定会来的。   그는 틀림없이 올 거야.
- 一会儿一定会下雪的。   이따가 틀림없이 눈이 올 거야.

Dialogue ② 형용사 중첩 '好好儿'

» '好好儿'는 형용사 '好'를 중첩한 형식으로, 형용사를 중첩하여 사용해 그 정도나 상태가 한층 더 강화됨을 나타낸다. 두 번째 '好'는 1성(hāo)으로 발음함에 주의한다.

- 你回家好好儿休息吧。   너 집에 가서 잘 쉬어.
- 妈妈让我好好儿学习。   엄마가 나에게 공부를 열심히 하라고 하신다.

🎧 Review & Writing 회화문을 들으며 직접 문장을 써 보세요. 🎧 12-07

A 听说我们部门晚上去看演唱会。
듣자 하니 우리 부서가 저녁에 콘서트를 보러 간대.

B 是哪位歌手的演唱会啊? 어떤 가수의 콘서트인데?

A 同事告诉我很多有名的歌星都会来。
동료가 나에게 그러는데, 여러 유명 가수들이 다 올 거라던데.

B 太好了。那我们可以去好好放松一下。
너무 좋다. 그럼 우리 가서 힐링 좀 잘 해 보자.

我们需要提前去排队吗? 우리 미리 가서 줄을 서야 하나?

A 不用。到时候负责人会安排的。 그럴 필요 없어. 그때 되면 책임자가 배정해 줄 거야.

对了，演唱会不让带喝的。你就不要带水了。
맞다, 콘서트에는 마실 것을 못 가지고 가게 해. 너 그러니까 물 가져가지 마.

Exercise 다음 듣기와 독해 문제를 풀어 보세요.

1. 녹음에서 들려주는 문장을 듣고 내용과 일치하는 그림에 A, B, C를 적으세요. 🎧12-08

❶    ❷   ❸

( )   ( )   ( )

2. 두 사람의 대화를 잘 듣고 질문에 알맞은 답을 골라 빈칸에 쓰세요. 🎧12-09

❶ A 地铁　　　B 摩托车　　　C 公交车　　　( )

❷ A 会几首　　B 会一首　　　C 不太会　　　( )

❸ A 下班以后　B 感冒好了以后　C 好好儿休息以后　( )

3. 다음 그림을 보고 질문에 알맞은 답을 골라 빈칸에 쓰세요.

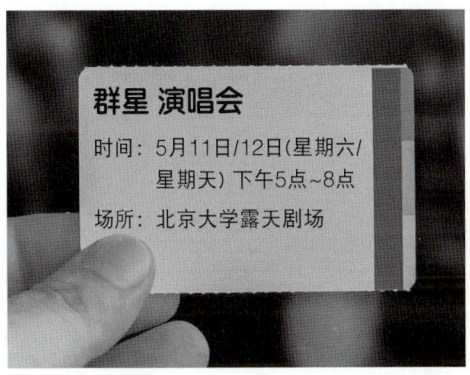

❶ 这是什么票?　　　( )

　A 演唱会票　　B 机票　　C 火车票

❷ 演唱会开几天?　　( )

　A 一天　　B 两天　　C 三天

4. 보기에서 알맞은 단어를 골라 괄호 안에 넣으세요. (보기의 각 항목은 1회만 사용 가능!)

보기	A 好	B 拜托	C 教	D 取	E 打开

❶ 我（　　）朋友一件小事。

❷ 请你把空调（　　）。

❸ 请大家把安全带系（　　）。

❹ 妈妈让我去（　　）酸奶。

❺ 我（　　）你一首中国歌。

5. 한어병음을 보고 해당되는 단어를 괄호 안에 써 넣으세요.

　　　　　ràng
❶ 老师（　　　　）我背单词。

　　　　Qǐng
❷ （　　　　）你把药喝完。

　　　　gěi
❸ 我（　　　　）他一支笔。

　　　　wèn
❹ 我（　　　　）你一个问题。

　　　　bǎ
❺ 请大家（　　　　）手机关掉。

6. 아래 단어를 알맞게 배열하여 올바른 문장으로 완성하세요.

❶ 让 / 他 / 不 / 医生 / 喝酒

_____

❷ 放好 / 东西 / 你 / 把 / 请

_____

❸ 我 / 送他 / 礼物 / 一份

_____

❹ 让 / 带 / 不 / 喝的 / 演唱会

_____

❺ 好好儿 / 去 / 我们 / 放松 / 可以 / 一下

_____

7. 아래 문장을 읽고, 다음 질문에 알맞은 답을 고르세요.

> 我家附近有一个很有名的博物馆，如果周末想去，你需要提前去排队，职员会给你一张票，你可以拿着票在附近等。

★ 博物馆在哪儿?　　　(　　　)

A 离家很远　　B 离家不远　　B 学校附近

★ 这个博物馆怎么样?　　　(　　　)

A 需要排队　　B 不用排队　　C 需要打电话

Speaking Practice 녹음을 듣고 문제를 풀어 보세요.

듣고 말하기 녹음을 잘 듣고 질문에 답해 보세요. 🎧 12-10

1. 녹음을 잘 듣고 전체 문장을 따라 말해 본 후 문장을 직접 써 보세요.

   ❶ _____

   ❷ _____

   ❸ _____

2. 녹음을 잘 듣고 간단하게 대답해 본 후 문장을 직접 써 보세요.

   ❶ _____

   ❷ _____

   ❸ _____

그림 보고 말하기 제시된 키워드를 사용해 그림의 내용에 맞게 작문하고 말해 보세요.

키워드   演唱会 / 排队 / 让

_____

_____

녹음 Script

Exercise 정답

녹음 Script Exercise 정답

Chapter 01

Free Composition

1. 녹음

   A A: 你会包饺子吗?
   B: 我不会。

   B A: 你想不想喝咖啡?
   B: 我很想喝。

   C A: 你睡得怎么样?
   B: 睡得很香。

   정답 ❶ C ❷ B ❸ A

2. 녹음

   ❶ A: 我们几点见?
   B: 晚上8点见吧。
   A: 你想做什么?
   B: 我想看电影。
   问: 他们想做什么?

   ❷ A: 你女儿喜欢做什么?
   B: 她喜欢游泳。
   A: 她游得怎么样?
   B: 还不错。
   问: 她女儿喜欢做什么运动?

   ❸ A: 小李，你最近忙吗?
   B: 有点儿忙，天天加班。
   A: 你很累吧? 我们早点儿回家吧。
   B: 没关系，我想再喝点儿啤酒。
   问: 小李想做什么?

   정답 ❶ B ❷ A ❸ A

3. B

4. ❶ E ❷ D ❸ C ❹ A ❺ B

5. ❶ 踢 ❷ 旅行 ❸ 得
   ❹ 打 ❺ 减肥

6. ❶ 他写得不太好。
   ❷ 你妹妹会不会做菜?
   ❸ 我不想喝咖啡。
   ❹ 今天你穿得很漂亮。/
      你今天穿得很漂亮。
   ❺ 她舞跳得不怎么样。

7. ★ C

지문 해석

나는 올해 32살로, 아직 결혼하지 않았다. 내 몇몇 친구들도 모두 결혼하지 않았다. 우리 엄마는 빨리 짝을 찾으라 말씀하시지만, 그러나 나는 지금 혼자 아주 잘 지내고 있어서 아직 결혼하고 싶지 않다.

Speaking Practice

듣고 말하기

1. 녹음

   ❶ 我会开车。
   ❷ 他不想买红色的衣服。
   ❸ 他游戏玩儿得非常好。

2. 녹음

   ❶ 你睡得怎么样?
   ❷ 你想不想去旅行?
   ❸ 你会做瑜伽吗?

그림 보고 말하기

참고 답안

商店里有很多水果，苹果、橘子、葡萄等。苹果卖得很便宜，我想买点儿苹果。

참고 답안 해석

가게 안에 과일이 매우 많은데, 사과, 귤, 포도 등이 있다. 사과가 매우 저렴해서, 나는 사과를 좀 사고 싶다.

녹음 Script   Exercise 정답

Chapter 02

Free Composition

1. 녹음
    - Ⓐ A: 你要买什么?
      B: 我要买一本词典。
    - Ⓑ A: 我可以玩儿游戏吗?
      B: 可以，可是只能玩儿十分钟。
    - Ⓒ A: 这儿不能吸烟吗?
      B: 这儿不能吸烟。

    정답 ❶ B ❷ C ❸ A

2. 녹음
    - ❶ A: 你明天可以来接我吗?
      B: 可以。飞机几点到?
      A: 中午12点到。
      B: 好的，明天见。
      问: 他们明天在哪儿见?
    - ❷ A: 你要去哪儿?
      B: 我要去朋友家，可以开你的车去吗?
      A: 可以。
      B: 好的，谢谢!
      问: 他怎么去朋友家?
    - ❸ A: 我今天不能去你家。
      B: 为什么?
      A: 今天要加班。
      B: 那你去忙吧。
      问: 女的为什么不能去男的家?

    정답 ❶ B ❷ C ❸ A

3. B

4. ❶ E ❷ B ❸ A ❹ C ❺ D

5. ❶ 告诉 ❷ 试 / 试 ❸ 拍照

    ❹ 尝   ❺ 地方

6. ❶ 你要喝什么饮料?
   ❷ 我爸爸要打高尔夫。
   ❸ 这个座位可以坐吗?
   ❹ 你不能看这部电影。／
      这部电影你不能看。
   ❺ 我们要去机场送他。

7. ★ B

지문 해석
내 친구는 노래 부르는 것을 매우 좋아하고, 춤추는 것도 매우 좋아해서, 매일 퇴근하고 집에 돌아간 후에, 광장에 가서 춤을 춘다. 그곳에서는 많은 사람들이 함께 춤을 추는데, 그들은 모두 아주 즐겁게 춤을 춘다. 오늘 밤에 나도 그들과 함께 춤을 추러 가려고 한다.

Speaking Practice

듣고 말하기

1. 녹음
    ❶ 我要去中国旅行。
    ❷ 对不起，我不能去接你。
    ❸ 我可以请假吗?

2. 녹음
    ❶ 去学校食堂，你想吃什么菜?
    ❷ 你会打高尔夫吗?
    ❸ 喝酒后可以开车吗?

그림 보고 말하기

참고 답안
我很想去中国旅游，所以要请几天假。这个周末我要去北京和上海，肯定很不错。

참고 답안 해석
나는 매우 중국에 놀러 가고 싶어서 며칠 휴가를 내려고 한다. 이번 주말에 나는 베이징과 상하이에 가려고 하는데, 틀림없이 아주 근사할 것이다.

녹음 Script　　Exercise 정답

Chapter 03

Free Composition

1. 녹음

    Ⓐ A: 你买过电脑吗?
    　　B: 买过。

    Ⓑ A: 你坐过飞机吗?
    　　B: 一次也没坐过。

    Ⓒ A: 他去过法国几次?
    　　B: 两次。

    정답 ❶ C　❷ A　❸ B

2. 녹음

    ❶ A: 小王，你打过高尔夫吗?
    　　B: 没打过，你呢?
    　　A: 我是今年开始学打高尔夫的，打得还可以。
    　　B: 我也很想学，你带我去吧。
    　　问: 小王打过高尔夫吗?

    ❷ A: 你看，她车开得很不错。她肯定在哪儿练过。
    　　B: 是啊。她在家附近练过几次。
    　　A: 她可以开车去学校了。
    　　B: 不可以，去学校的路不太好。
    　　问: 她在哪儿练过车?

    ❸ A: 我想明天请假。
    　　B: 有什么事儿吗?
    　　A: 没有，我今年没请过假，想休息一天。
    　　B: 好吧，那你休息吧。
    　　问: 他为什么请假?

    정답 ❶ B　❷ A　❸ C

3. C

4. ❶ E　❷ A　❸ B　❹ C　❺ D

5. ❶ 遍　❷ 帮　❸ 乒乓球
    ❹ 找　❺ 趟

6. ❶ 我妈妈练过瑜伽。
    ❷ 美国我一次也没去过。
    ❸ 你在什么地方学汉语?
    ❹ 他搬过两次家。
    ❺ 我昨天见过他三回。/
    　 昨天我见过他三回。

7. ★ A

지문 해석

나의 한 친구는 중국사람인데, 중국에 나는 한 번도 가 본 적이 없다. 방학을 한 후에 나는 그와 함께 중국에 놀러 가려고 한다. 그래서 나는 요즘 중국어를 공부한다.

Speaking Practice

듣고 말하기

1. 녹음

    ❶ 我看过这部中国电影。
    ❷ 我没看过那本书。
    ❸ 我跟他吃过几次饭。

2. 녹음

    ❶ 你去中国旅行过吗?
    ❷ 你做过中国菜吗?
    ❸ 你最近做过什么运动?

그림 보고 말하기

참고 답안

我最近去看过一场演唱会，在那儿见了几个歌手。他们都唱得非常好，我很想再去一次。

참고 답안 해석

나는 최근에 콘서트를 하나 보러 갔었는데, 그곳에서 몇 명의 가수를 보았다. 그들은 모두 노래를 아주 잘해서, 나는 다시 한 번 더 가고 싶다.

녹음 Script | Exercise 정답

Chapter 04

Free Composition

1. 녹음

    Ⓐ A: 灯亮着吗?
       B: 亮着。

    Ⓑ A: 前面停着几辆车?
       B: 五辆车。

    Ⓒ A: 墙上挂着什么?
       B: 一幅画。

    정답 ❶ A ❷ C ❸ B

2. 녹음

    ❶ A: 小王，你爸爸在哪儿?
       B: 前面穿着西装的是我爸爸。
       A: 是那个戴着帽子的人吗?
       B: 不是，是打着电话的那位。
       问: 谁是小王的爸爸?

    ❷ A: 桌子上放着什么?
       B: 两支笔和一个书包。
       A: 都是你的吗?
       B: 那两支笔是我的。
       问: 桌子上没有什么?

    ❸ A: 弟弟在家干什么?
       B: 他躺着听音乐。
       A: 你呢?
       B: 我在家吃着饼干看电视。
       问: 弟弟做什么?

    정답 ❶ C ❷ B ❸ A

3. ❶ B ❷ C

4. ❶ C ❷ D ❸ A ❹ E ❺ B

5. ❶ 开 ❷ 好看 ❸ 忘
   ❹ 穿 / 面试 ❺ 躺

6. ❶ 妹妹背着书包。
   ❷ 车上写着"租"。
   ❸ 你怎么躺着看书?
   ❹ 妈妈流着眼泪看电影。
   ❺ 抽屉里放着一个吹风机。

7. ★ B

지문 해석

여기는 우리 중국어 교실이다. 칠판 위에는 '加油'라는 두 글자가 붙여져 있고, 벽에는 중국 그림 두 폭이 걸려 있으며, 교실 안에는 여덟 개의 책상이 있다. 선생님의 책상 위에는 중국어 책 한 권이 놓여 있고, 책 위에는 연필 두 자루가 놓여 있다.

Speaking Practice

듣고 말하기

1. 녹음

    ❶ 衣服堆着。
    ❷ 小李笑着说谢谢。
    ❸ 屋里坐着五个人。

2. 녹음

    ❶ 你家墙上挂着什么?
    ❷ 你旁边的人坐着干什么?
    ❸ 桌子上放着什么?

그림 보고 말하기

참고 답안

这是我的房间。房间里有一张床、一张桌子和一把椅子。桌子上放着一台电脑和一本书。墙上挂着六幅画。桌子旁边的灯亮着，桌子上的电脑关着。

참고 답안 해석

여기는 내 방이다. 방 안에는 침대 한 개, 책상 한 개 그리고 의자 한 개가 있다. 책상 위에는 컴퓨터 한 대와 책 한 권이 놓여 있다. 벽에는 여섯 폭의 그림이 걸려 있다. 책상 옆의 스탠드는 켜져 있고, 책상 위의 컴퓨터는 꺼져 있다.

녹음 Script   Exercise 정답

Chapter 05

Free Composition

1. 녹음

    Ⓐ A: 他们在哪儿上班?
    B: 他们在医院上班。

    Ⓑ A: 她在厨房做什么?
    B: 她在厨房做饭。

    Ⓒ A: 你在书房学习吗?
    B: 我在书房学习。

    정답 ❶ C   ❷ B   ❸ A

2. 녹음

    ❶ A: 你在干什么?
    B: 我在学校呢，你呢?
    A: 我在家看电视，你在学校干什么?
    B: 我在学校球场踢球。
    问: 男的在干什么?

    ❷ A: 今天下午去你家玩儿游戏吧。
    B: 不行，我爸爸在家。
    A: 今天你爸爸不上班吗?
    B: 不上班，他在看报纸呢。
    问: 爸爸在干什么?

    ❸ A: 这里的东西多吧?
    B: 是啊，也很便宜。
    A: 我妈妈喜欢在这里买菜。
    B: 下次我也和妈妈一起来。
    问: 他们在做什么?

    정답 ❶ C   ❷ A   ❸ B

3. ❶ A   ❷ C

4. ❶ D   ❷ A   ❸ B   ❹ C   ❺ E

5. ❶ 没   ❷ 洗碗 / 怎么   ❸ 等一下

    ❹ 停车场   ❺ 考虑

6. ❶ 小李在准备考试呢。
    ❷ 这种款式正在流行。
    ❸ 我正在写报告呢。
    ❹ 饭盒在哪儿呢?
    ❺ 出门的时候忘带手机了。

7. ★ B

    지문 해석
    오늘은 주말이라, 아빠, 엄마 그리고 나는 집에서 쉰다. 아빠는 텔레비전을 보고 계시고, 엄마는 책을 읽고 계시고, 나는 컴퓨터 게임을 하고 있다. 남동생은 (그의) 친구와 비행기를 타고 여행을 갈 계획이라 (그는) 짐을 꾸리고 있다.

Speaking Practice

듣고 말하기

1. 녹음

    ❶ 我正在打球呢。
    ❷ 哥哥在公司实习。
    ❸ 妈妈在家打扫房间呢。

2. 녹음

    ❶ 你在学习什么外语?
    ❷ 你的汉语书在哪儿呢?
    ❸ 你们学校正在放假吗?

그림 보고 말하기

참고 답안

我正在考虑要不要减肥，我知道减肥很难。可是我还是想减肥，也想穿漂亮的衣服，想更漂亮。

참고 답안 해석
나는 지금 다이어트를 할지 말지 고민하고 있는 중인데, 다이어트가 어렵다는 것을 알기 때문이다. 그러나 나는 그래도 다이어트를 하고 싶고, 예쁜 옷도 입고 싶고, 더욱 예뻐지고 싶다.

Chapter 06

Free Composition

1. 녹음

Ⓐ A: 他比你高吗?
　　B: 他比我高一点儿。

Ⓑ A: 她比你瘦吗?
　　B: 我比她瘦多了。

Ⓒ A: 她比你跑得快吗?
　　B: 她没我跑得快。

정답 ❶ B　❷ A　❸ C

2. 녹음

❶ A: 小李, 你儿子长得和你真像。
　　B: 我儿子和他妈妈更像。
　　A: 性格像谁?
　　B: 跟他爷爷的性格一样。
　　问: 小李的儿子性格像谁?

❷ A: 你的生日是几月几号?
　　B: 我的生日是8月8号, 你呢?
　　A: 我们俩差不多, 我是8月10号。
　　B: 那我们星座一样啊。
　　问: 他们的什么一样?

❸ A: 今天是今年冬天最冷的一天。
　　B: 是啊, 好冷啊。
　　A: 昨天比今天还冷吧?
　　B: 不, 昨天还没有今天冷呢。
　　问: 哪天最冷?

정답 ❶ B　❷ C　❸ A

3. ❶ A　❷ B

4. ❶ A　❷ E　❸ B　❹ D　❺ C

5. ❶ 厘米　❷ 诚实　❸ 不像

❹ 以为　❺ 淘

6. ❶ 我没有你说得流利。
❷ 左腿跟右腿不一样长。
❸ 我比你更可怜。
❹ 我看到你和一位美女一起回家。
❺ 我女朋友比她漂亮多了。

7. ★ C

지문 해석

올해 나는 여자친구와 같이 베이징에 놀러 가서, 고궁을 참관하고, 내가 좋아하는 중국 요리도 먹었다. 그러나 내가 가장 좋았던 것은 아무래도 우리가 묵었던 호텔인데, 대단히 깨끗하고, 집과 같이 편안했다. 다음에 베이징에 가게 되면 나는 또 이 호텔에 묵을 것이다.

Speaking Practice

듣고 말하기

1. 녹음

❶ 他比我高很多。
❷ 我没有她漂亮。
❸ 弟弟和我一样勤快。

2. 녹음

❶ 你的性格像谁?
❷ 你和妈妈长得像吗?
❸ 今天比昨天冷吗?

그림 보고 말하기

참고 답안

爷爷今年80多岁了, 经常去运动。所以爷爷的身体比我还健康。我没有爷爷勤快。我想和爷爷一样努力运动。

참고 답안 해석

할아버지는 올해 80세가 넘으셨는데, 늘 운동을 하러 가신다. 그래서 할아버지의 몸은 나보다 더 건강하시다. 나는 할아버지만큼 부지런하지가 않다. 나는 할아버지처럼 (똑같이) 열심히 운동을 하고 싶다.

녹음 Script / Exercise 정답

Chapter 07

Free Composition

1. 녹음

    ⓐ A: 你吃饱了吗?
    B: 我吃饱了。

    ⓑ A: 你把作业做完了吗?
    B: 我没做完。

    ⓒ A: 机票订好了吗?
    B: 还没订。

    정답 ❶ B ❷ A ❸ C

2. 녹음

    ❶ A: 后天就要考试了。
    B: 是啊，怎么这么快?
    A: 你把单词背完了吗?
    B: 需要背的单词太多，还没背完。
    问: 他们什么时候考试?

    ❷ A: 你的钱包找到了吗?
    B: 找到了。
    A: 在哪儿找到的?
    B: 就在我的包里。
    问: 钱包是在哪儿找到的?

    ❸ A: 你一会儿出去的时候把门关好。
    B: 知道了。窗户也要关吗?
    A: 窗户开着吧。
    B: 好的。
    问: 出去的时候要关什么?

    정답 ❶ B ❷ C ❸ A

3. ❶ B ❷ A

4. ❶ D ❷ C ❸ E ❹ A ❺ B

5. ❶ 清楚 ❷ 动作 ❸ 报告

    ❹ 药 ❺ 关

6. ❶ 你比教练游得还好。
   ❷ 我没把作业做完。
   ❸ 我再看看你怎么游。
   ❹ 我把衣服洗完了。
   ❺ 秘书把机票订好了。

7. ★ B ★ C

   지문 해석

   오늘 수업할 때, 선생님께서 너무 어렵게 말씀하셔서 나는 알아들을 수가 없었다. 저녁에 나는 오늘 배웠던 것을 다시 한 번 보려고 하는데, 만약 여전히 어렵게 생각된다면, 다른 학우에게 더 좀 물어보러 갈 작정이다.

Speaking Practice

듣고 말하기

1. 녹음

    ❶ 我把汉字写对了。
    ❷ 我得多练习练习。
    ❸ 我没把报告写好。

2. 녹음

    ❶ 今天的作业做完了吗?
    ❷ 今天学的单词都记住了吗?
    ❸ 今天老师讲的都听懂了吗?

그림 보고 말하기

참고 답안

快要放假了，可是我不是很开心。很多考试还没准备好，很多报告也还没写完。所以，这几天我天天去图书馆学习，学到很晚才回家。

참고 답안 해석

곧 방학인데, (그러나) 나는 즐겁지가 않다. 많은 시험을 아직 잘 준비하지 못했고, 많은 보고서도 아직 다 쓰지 않았기 때문이다. 그래서 요 며칠 나는 매일 도서관에 가서 공부하고, 아주 늦게까지 공부하고서야 집에 돌아온다.

녹음 Script / Exercise 정답

Chapter 08

Free Composition

1. 녹음

   Ⓐ A: 钱包找不到了。
      B: 你再好好儿找找。

   Ⓑ A: 他买来了一瓶红酒。
      B: 是吗？一会儿尝尝。

   Ⓒ A: 这么多水，喝得了吗？
      B: 喝得了。

   정답 ❶ B ❷ C ❸ A

2. 녹음

   ❶ A: 点这么多菜，吃得了吗？
      B: 我们三个人呢，没问题。
      A: 吃不了怎么办？
      B: 那就带走。
      问: 吃不了怎么办？

   ❷ A: 小李去哪儿了？
      B: 他好像回去了。你找他有事？
      A: 我买来了两杯咖啡，怕一个人喝不完。
      B: 我可以帮你喝啊。
      问: 找小李做什么？

   ❸ A: 小王下来了吗？
      B: 还没下来。再等一会儿吧。
      A: 没时间了，我们上去找他吧。
      B: 好吧。
      问: 小王下来了吗？

   정답 ❶ A ❷ B ❸ B

3. ❶ A ❷ B

4. ❶ B ❷ A ❸ D ❹ E ❺ C

5. ❶ 贵重 ❷ 果然 ❸ 赶紧
   ❹ 找   ❺ 懂

6. ❶ 我找不到帽子。
   ❷ 老板找来了一位助手。
   ❸ 小孩跑下来了。
   ❹ 你把那个箱子拿出来。
   ❺ 我出去买点儿好吃的回来。

7. ★ B   ★ C

지문 해석

오전에 나는 모자를 찾을 수 없었다. 그것은 내 친구가 중국에 갔을 때 사 온 선물이다. 샤오리가 말하기를 (자기가) 트렁크 안에서 본 것 같다고 했다. 내가 트렁크를 꺼내 와서 보니, (그것이) 과연 트렁크 안에 있었다.

Speaking Practice

듣고 말하기

1. 녹음
   ❶ 我受不了。
   ❷ 你忘得了他吗？
   ❸ 他站起来了。

2. 녹음
   ❶ 你是走过来的还是跑过来的？
   ❷ 墙上的字，你看得见吗？
   ❸ 老师的话，你听得懂吗？

그림 보고 말하기

참고 답안

最近，公司招来了一名新员工。她做事非常认真，工作的时候，有什么看不懂的、听不懂的，就去问同事。

참고 답안 해석

최근 회사에서 새 직원을 한 명 뽑았다. 그녀는 매우 진지하게 일을 해서, 업무를 볼 때 뭔가 보고 모르는 것이 있거나 듣고 이해하지 못하는 것이 있으면, 바로 동료에게 가서 묻는다.

Chapter 09

Free Composition

1. 녹음

    Ⓐ A: 你睡了多长时间?
    B: 我只睡了一个小时。

    Ⓑ A: 你们逛了多久?
    B: 我们逛了两个小时。

    Ⓒ A: 你开车开了几年?
    B: 我开车开了三年。

    정답 ❶ B ❷ A ❸ C

2. 녹음

    ❶ A: 你什么时候到?
    B: 十分钟以后吧。
    A: 快点儿吧。我都逛了一个小时了。
    B: 知道了。
    问: 他逛了多久?

    ❷ A: 你会打太极拳吗?
    B: 会啊。我打得还不错呢。
    A: 是吗? 你打了多长时间?
    B: 我打了三个月了。
    问: 他打太极拳打了多长时间?

    ❸ A: 你汉语说得真不错。
    B: 哪里哪里。还差得远呢。
    A: 你学了多长时间?
    B: 我在韩国学了两年，在中国学了一年。
    问: 他汉语学了几年?

    정답 ❶ B ❷ C ❸ C

3. ❶ B ❷ B

4. ❶ B ❷ E ❸ C ❹ A ❺ D

5. ❶ 逛 ❷ 其实 ❸ 原来
   ❹ 追 ❺ 交往

6. ❶ 你等了几个月了?
   ❷ 你看小说看了多久?
   ❸ 我听了一个小时的音乐。
   ❹ 听说你们快要结婚了。
   ❺ 她同意跟我交往。

7. ★ A ★ B

지문 해석

나는 베이징에서 이미 2년간 중국어를 공부했다. 그러나 여전히 말을 그다지 잘하지 못한다고 생각해서, (나는) 다시 1년 더 공부한 이후에 한국에 돌아갈 계획이다.

Speaking Practice

듣고 말하기

1. 녹음

    ❶ 我等了他很久。
    ❷ 我坐了半个小时的公交车。
    ❸ 我讲故事讲了两个小时。

2. 녹음

    ❶ 你汉语学了多长时间?
    ❷ 你开车开了几年?
    ❸ 你今天坐地铁坐了多久?

그림 보고 말하기

참고 답안

我打太极拳打了三年了。我非常喜欢打太极拳，打得也不错。每天早上，我坐二十分钟的公交车去学校附近的公园，跟大家一起打太极拳。

참고 답안 해석

나는 3년 째 태극권을 하고 있다. 나는 태극권 하는 것을 대단히 좋아하고, 하는 것도 꽤 괜찮다. 매일 아침, 나는 20분 동안 버스를 타고 학교 근처의 공원에 가서, 여러 사람들과 같이 태극권을 한다.

녹음 Script / Exercise 정답

Chapter 10

Free Composition

1. 녹음
   - ⓐ A: 给经理打一个电话, 好吗?
     B: 好的。
   - ⓑ A: 给客户发一封邮件, 好吗?
     B: 好的。
   - ⓒ A: 给我们炒一个菜, 好不好?
     B: 我不会炒菜。

   정답 ❶ B ❷ C ❸ A

2. 녹음
   - ❶ A: 我感冒了。
     B: 不用去医院看看吗?
     A: 我想先吃点儿药看看。
     B: 还是去医院吧。
     问: 女的为什么不去医院?
   - ❷ A: 你哪儿不舒服?
     B: 我咳嗽、嗓子疼。
     A: 你去医院了吗?
     B: 还没呢。下班以后去看看。
     问: 男的什么时候去医院?
   - ❸ A: 我昨天晚上开始肚子疼, 现在还难受。
     B: 你要是觉得难受, 就向老板请假吧。
     A: 今天下午我还得跟客户开会呢。
     B: 你对工作真是尽心尽力啊。
     问: 女的为什么不向老板请假?

   정답 ❶ C ❷ B ❸ A

3. ❶ A ❷ A

4. ❶ B ❷ D ❸ A ❹ E ❺ C

5. ❶ 给 ❷ 跟 ❸ 向
   ❹ 对 ❺ 点儿

6. ❶ 教练给队员准备一双球鞋。
   ❷ 你别对我说谎。
   ❸ 我跟客户开会。
   ❹ 我向领导请假。
   ❺ 我对妈妈讲真话。

7. ★ C ★ B

지문 해석
나는 어제 오후 목이 아프기 시작했고, 게다가 기침도 조금 했다. 그러나 어젯밤에 야근을 해서 퇴근이 비교적 늦었기 때문에 병원에 가지 않았고, 약국에 가서 감기약을 좀 샀다.

Speaking Practice

듣고 말하기

1. 녹음
   ❶ 我给朋友发一条微信。
   ❷ 我向老板请假。
   ❸ 您对工作真是尽心尽力啊。

2. 녹음
   ❶ 谁对你最好?
   ❷ 你感冒的时候, 一般会怎么做?
   ❸ 如果你得了感冒, 会向老板请假吗?

그림 보고 말하기

참고 답안
今天早上, 我觉得嗓子有点儿难受。但是因为上午有一个很重要的会议, 所以没时间去医院。只是在上班的路上, 去药店买了一点儿感冒药。

참고 답안 해석
오늘 아침, 나는 목이 좀 아프다고 느꼈다. 그러나 오전에 아주 중요한 회의가 있었기 때문에 (그래서) 병원에 갈 시간이 없었다. 그저 출근하는 길에 약국에 가서 감기약을 조금 샀을 뿐이다.

Chapter 11

Free Composition

1. 녹음

    Ⓐ A: 你什么时候出差?
    B: 从17号到19号去北京出差。

    Ⓑ A: 我们几点去博物馆呢?
    B: 从下午两点到四点参观博物馆吧。

    Ⓒ A: 从这儿到商场需要多长时间?
    B: 一个小时吧。

    정답 ❶ C ❷ A ❸ B

2. 녹음

    ❶ A: 快考试了。好紧张啊!
    B: 你什么时候考试?
    A: 这个周六。
    B: 今天周一,离考试还有五天呢。
    问: 女的什么时候考试?

    ❷ A: 你怎么了?
    B: 我的钱包找不到了。
    A: 你再找找!
    B: 我已经找了很多次。肯定是被小偷偷走了。
    问: 男的钱包在哪儿?

    ❸ A: 我们订的酒店离机场远吗?
    B: 从机场到酒店有一百多公里。
    A: 不是很远。我们四个人打车去吧!
    B: 好啊! 大概一个小时就能到。
    问: 他们打算怎么去酒店?

    정답 ❶ B ❷ C ❸ B

3. ❶ C ❷ B

4. ❶ C ❷ A ❸ E ❹ B ❺ D

5. ❶ 从/到 ❷ 往 ❸ 离
   ❹ 被 ❺ 就

6. ❶ 饭菜被我们吃得很干净。
   ❷ 杯子被我打碎了。
   ❸ 从这儿往前走。
   ❹ 商场离车站不远。
   ❺ 从一栋到七栋是工厂。

7. ★ B   ★ B

지문 해석
최근 나는 괜찮은 중국 음식점을 하나 발견했다. 이 음식점은 회사에서 가까워서, 걸어서 5분이면 도착할 수 있다. 내가 몇 번 가 봤는데 요리 맛이 모두 괜찮다고 느껴서, 다음 번에 친구를 데리고 가서 좀 먹어 보려 한다.

Speaking Practice

듣고 말하기

1. 녹음
    ❶ 从首尔到釜山有五百多公里。
    ❷ 酒店离机场太远。
    ❸ 钱包被小偷偷走了。

2. 녹음
    ❶ 超市离你家近吗?
    ❷ 从这儿到地铁站需要多长时间?
    ❸ 离这儿最近的电影院怎么走?

그림 보고 말하기

참고 답안
上星期六,我在咖啡厅见了几个同学。周末咖啡厅人太多,我们等了很长时间才找到座位。我们聊得很高兴,可是把咖啡杯和水杯打碎了,还被老板说了。

참고 답안 해석

지난 토요일, 나는 카페에서 학교 친구 몇 명을 만났다. 주말이라 카페는 사람이 매우 많았고, 우리들은 아주 오랜 시간을 기다려서야 겨우 자리를 잡을 수 있었다. 우리는 아주 즐겁게 수다를 떨었는데, 커피 잔과 물 컵을 깨뜨리는 바람에 사장에게 한소리 들었다.

Chapter 12

Free Composition

1. **녹음**

    Ⓐ A: 你怎么还没下班?
    B: 不是我不想下班，是老板让我加班。

    Ⓑ A: 你去哪儿啊?
    B: 我们家来人了。妈妈让我去超市买点儿菜。

    Ⓒ A: 你感冒了啊。不用去医院看看吗?
    B: 我去医院看了。医生让我吃点儿药，多喝水。

    정답 ❶ C　❷ A　❸ B

2. **녹음**

    ❶ A: 师傅，我们这趟车什么时候出发?
    B: 一会儿就出发。请大家把安全带系好。
    A: 车里有点儿热，请把空调打开，好吗?
    B: 好的。请大家把窗户关上。
    问: 女的今天坐什么车?

    ❷ A: 你会唱中国歌吗?
    B: 当然。我跟中国朋友学了几首。
    A: 那你教我一首吧。
    B: 好啊。告诉我你想学什么歌。
    问: 男的会唱中国歌吗?

    ❸ A: 下班以后有事儿吗? 出去喝一杯吧!
    B: 我在吃感冒药。医生不让我喝酒。
    A: 是吗?
    B: 医生让我好好儿休息。感冒好了以后再见吧。
    问: 他们什么时候见面?

    정답 ❶ C　❷ A　❸ B

3. ❶ A　❷ B

4. ❶ B　❷ E　❸ A　❹ D　❺ C

5. ❶ 让　❷ 请　❸ 给
   ❹ 问　❺ 把

6. ❶ 医生不让他喝酒。
   ❷ 请你把东西放好。
   ❸ 我送他一份礼物。
   ❹ 演唱会不让带喝的。
   ❺ 我们可以去好好儿放松一下。

7. ★ B　★ A

지문 해석

우리 집 근처에 아주 유명한 박물관이 있다. 만약 주말에 가고자 한다면 (당신은) 미리 가서 줄을 서야 한다. 직원이 (당신에게) 표를 한 장 줄 텐데, (당신은) 표를 가지고 근처에서 기다리면 된다.

Speaking Practice

듣고 말하기

1. **녹음**

    ❶ 老板找我十块钱。
    ❷ 博物馆不让拍照。
    ❸ 请大家把手机关掉。

2. **녹음**

    ❶ 我想拜托你一件事，好吗?
    ❷ 你去火车站排队买过火车票吗?

녹음 Script | Exercise 정답

❸ 这个周末的旅行日程都安排好了吗?

그림 보고 말하기

참고 답안

上周末我和朋友一起去看了一场演唱会，是一位歌星的演唱会。这位歌星在韩国非常有名，大概有三万多人来看演唱会。我们排了很长时间的队才找到座位。演唱会不让带喝的，我们就没带水。

참고 답안 해석

지난 주말에 나는 친구와 같이 콘서트를 보러 갔는데, 한 가수의 콘서트였다. 이 스타 가수는 한국에서 대단히 유명해서, 대략 3만 명이 넘는 사람들이 콘서트를 보러 왔다. 우리는 아주 오랫동안 줄을 섰다가 겨우 자리를 잡았다. 콘서트에서 마실 것을 가지고 있지 못하게 해서, 우리는 물을 가져가지 않았다.

memo

신개념 패턴 학습으로 완벽한 중국어

퍼펙트
P·E·R·F·E·C·T
중국어

Word Note 2

시사중국어사

Chapter 01 你会游泳吗?

New Word 🎧 01-00

Pattern 1

会	huì	능원 ~할 줄 알다, ~할 수 있다
瑜伽	yújiā	명 요가
包	bāo	동 싸다, 싸매다
饺子	jiǎozi	명 만두, 교자
打	dǎ	동 (놀이, 운동을) 하다
高尔夫	gāo'ěrfū	명 골프

Pattern 2

想	xiǎng	능원 ~하고 싶다, ~하고자 하다
减肥	jiǎnféi	동 체중을 줄이다, 다이어트하다
旅行	lǚxíng	명 여행 동 여행하다
逛	guàng	동 한가로이 거닐다, 돌아다니다

Pattern 3

踢	tī	동 (공을) 차다, 치다
得	de	조 상태보어를 만드는 구조조사
香	xiāng	형 (잠이) 달콤하다 / 향기롭다, (음식이) 맛있다

Pattern 4

唱	chàng	동 노래하다
歌	gē	명 노래

💬 Dialogue

可是	kěshì	접 그러나
初学者	chūxuézhě	명 초보자, 비기너
肯定	kěndìng	부 확실히, 틀림없이
错	cuò	형 틀리다, 맞지 않다
不错	búcuò	형 맞다, 좋다, 괜찮다
刚	gāng	부 지금, 마침
正	zhèng	부 마침, 딱, 바로
练习场	liànxíchǎng	명 연습장
练	liàn	동 훈련하다, 단련하다
正好	zhènghǎo	부 때마침, 공교롭게도

Word Writing

会会会会会会

| 会 | 会 | 会 | | | |

huì [능원] ~할 줄 알다, ~할 수 있다 [모일 회 會]

打打打打打

| 打 | 打 | 打 | | | |

dǎ [동] (놀이, 운동을) 하다 [칠 타 打]

想想想想想想想想想想想想想

| 想 | 想 | 想 | | | |

xiǎng [능원] ~하고 싶다, ~하고자 하다 [생각할 상 想]

减减减减减减减减减减减 肥肥肥肥肥肥肥肥

| 减肥 | 减肥 | 减肥 | | | |

jiǎnféi [동] 체중을 줄이다, 다이어트하다 [덜 감 減, 살찔 비 肥]

旅旅旅旅旅旅旅旅旅旅 行行行行行行

| 旅行 | 旅行 | 旅行 | | | |

lǚxíng [명] 여행 [동] 여행하다 [나그네 려 旅, 다닐 행 行]

逛逛逛逛逛逛逛逛逛

| 逛 | 逛 | 逛 | | | |

guàng [동] 한가로이 거닐다, 돌아다니다 [달아날 광 逛]

踢 踢 踢 踢 踢 踢 踢 踢 踢 踢 踢 踢 踢 踢 踢

踢	踢	踢			

tī 동 (공을) 차다, 치다 [찰 척 踢]

得 得 得 得 得 得 得 得 得 得 得

得	得	得			

de 조 상태보어를 만드는 구조조사 [얻을 득 得]

唱 唱 唱 唱 唱 唱 唱 唱 唱 唱 唱

唱	唱	唱			

chàng 동 노래하다 [부를 창 唱]

歌 歌 歌 歌 歌 歌 歌 歌 歌 歌 歌 歌 歌 歌

歌	歌	歌			

gē 명 노래 [노래 가 歌]

不 不 不 不	错 错 错 错 错 错 错 错 错 错 错 错 错

不错	不错	不错		

búcuò 형 맞다, 좋다, 괜찮다 [아닐 불 不, 어긋날 착 錯]

练 练 练 练 练 练 练 练

练	练	练			

liàn 동 훈련하다, 단련하다 [익힐 련 練]

Chapter 02 你要看哪本？

New Word 🎧 02-00

▶ Pattern 1

要	yào	[능원] ~하고자 하다, ~하고 싶다
首	shǒu	[양] 수, 곡 [시(詩), 사(詞), 노래 등을 세는 양사]
地方	dìfang	[명] 장소, 곳, 부분
蓝	lán	[형] 쪽빛의, 남색의
荔枝	lìzhī	[명] 리치(litchi, 여지의 열매)

▶ Pattern 2

可以	kěyǐ	[능원] ~할 수 있다, ~해도 좋다
申请	shēnqǐng	[동] 신청하다
请假	qǐngjià	[동] 휴가를 내다(신청하다)
试	shì	[동] 시험하다, 시도하다
尝	cháng	[동] 맛보다, 체험하다
告诉	gàosu	[동] 알리다, 말하다
一下	yíxià	[수] 한 번, 한 차례

▶ Pattern 3

吸烟	xīyān	[동] 담배를 피우다
拍照	pāizhào	[동] 사진을 찍다, 촬영하다
参观	cānguān	[동] 참관하다, 견학하다
欺负	qīfu	[동] 괴롭히다, 업신여기다
乱	luàn	[부] 제멋대로, 함부로

💬 Dialogue

上海	Shànghǎi	명 상하이 [지명, 중국의 도시 이름]
出差	chūchāi	동 출장 가다
飞机	fēijī	명 비행기
钟	zhōng	명 시(時), 시간
送	sòng	동 배웅하다
当然	dāngrán	형 당연하다, 물론이다 부 당연히
堵车	dǔchē	동 차가 막히다
辛苦	xīnkǔ	동 고생하다, 수고하다
哪儿的话	nǎr de huà	천만에요, 뭘요, 별말씀을요
只是	zhǐshì	부 다만, 단지
睡懒觉	shuì lǎnjiào	늦잠을 자다

✅ Double Check!

白	bái	형 희다, 흰색의
绿	lǜ	형 푸르다, 초록의
黄	huáng	형 노랗다, 황금색의, 노란색의
检查	jiǎnchá	동 검사하다, 조사하다
上网	shàngwǎng	동 인터넷에 접속하다
充电	chōngdiàn	동 충전하다

Word Writing

要要要要要要要要要

要　要　要

yào [능원] ~하고자 하다, ~하고 싶다 [요구할 요 要]

可可可可可　　以以以以

可以　可以　可以

kěyǐ [능원] ~할 수 있다, ~해도 좋다 [옳을 가 可, 써 이 以]

请请请请请请请请请　假假假假假假假假假

请假　请假　请假

qǐngjià [동] 휴가를 내다(신청하다) [청할 청 請, 거짓 가 假]

试试试试试试试试

试　试　试

shì [동] 시험하다, 시도하다 [시험 시 試]

尝尝尝尝尝尝尝尝尝

尝　尝　尝

cháng [동] 맛보다, 체험하다 [맛볼 상 嘗]

告告告告告告告　诉诉诉诉诉诉诉

告诉　告诉　告诉

gàosu [동] 알리다, 말하다 [고할 고 告, 호소할 소 訴]

白 白 白 白 白

| 白 | 白 | 白 | | | |

bái [형] 희다, 흰색의 [흰 백 白]

黃 黃 黃 黃 黃 黃 黃 黃 黃 黃 黃

| 黃 | 黃 | 黃 | | | |

huáng [형] 노랗다, 황금색의, 노란색의 [누를 황 黃]

上 上 上 　　　　 网 网 网 网 网 网

| 上网 | 上网 | 上网 | | |

shàngwǎng [동] 인터넷에 접속하다 [윗 상 上, 그물 망 網]

充 充 充 充 充 充 　　 电 电 电 电 电

| 充电 | 充电 | 充电 | | |

chōngdiàn [동] 충전하다 [채울 충 充, 번개 전 電]

当 当 当 当 当 当 　　 然 然 然 然 然 然 然 然 然 然

| 当然 | 当然 | 当然 | | |

dāngrán [형] 당연하다, 물론이다 [부] 당연히 [마땅 당 當, 그럴 연 然]

辛 辛 辛 辛 辛 辛 辛 　　 苦 苦 苦 苦 苦 苦 苦 苦

| 辛苦 | 辛苦 | 辛苦 | | |

xīnkǔ [동] 고생하다, 수고하다 [매울 신 辛, 쓸 고 苦]

Chapter 03 你学过吗?

New Word 🎧 03-00

▶ Pattern 1

过	guo	조 ~한 적이 있다 [과거의 경험을 나타내는 동태조사]
丢	diū	동 잃다, 잃어버리다
骑	qí	동 (자전거, 오토바이, 동물 등에 다리를 벌리고) 타다
摩托车	mótuōchē	명 오토바이
乒乓球	pīngpāngqiú	명 탁구

▶ Pattern 2

趟	tàng	양 차례, 번 [왕래하는 횟수를 세는 양사]
遍	biàn	양 회, 번 [동작이 시작되어 끝날 때까지의 전 과정을 세는 양사]
次	cì	양 회, 번 [횟수를 세는 양사]
回	huí	양 번, 회, 차례 [행위나 동작을 세는 양사]
场	chǎng	양 번, 차례 [문예, 오락, 체육 활동 등에서 차례를 세는 양사]

▶ Pattern 3

教	jiāo	동 가르치다
帮	bāng	동 돕다, 거들다
骗	piàn	동 속이다, 기만하다

▶ Pattern 4

口	kǒu	양 입, 모금, 마디 [입에서 나오거나 입에 넣는 것을 세는 양사]
从来	cónglái	부 지금까지, 이제껏
重庆	Chóngqìng	명 충칭 [지명, 중국의 도시 이름]

💬 Dialogue

身体	shēntǐ	몡 몸, 신체, 건강
柔韧性	róurènxìng	몡 유연성
差	chà	동 모자라다, 부족하다
更	gèng	부 더욱, 한층
怕	pà	동 두려워하다, 걱정하다
如果	rúguǒ	접 만약, 만일
带	dài	동 인솔하다, 이끌다, 데리다

Word Writing

过 过 过 过 过 过

| 过 | 过 | 过 | | | |

guo [조] ~한 적이 있다 [과거의 경험을 나타내는 동태조사] [지날 과 過]

骑 骑 骑 骑 骑 骑 骑 骑 骑 骑 骑

| 骑 | 骑 | 骑 | | | |

qí [동] (자전거, 오토바이, 동물 등에 다리를 벌리고) 타다 [말 탈 기 騎]

丢 丢 丢 丢 丢 丢

| 丢 | 丢 | 丢 | | | |

diū [동] 잃다, 잃어버리다 [아주 갈 주 丢]

趟 趟 趟 趟 趟 趟 趟 趟 趟 趟 趟 趟

| 趟 | 趟 | 趟 | | | |

tàng [양] 차례, 번 [왕래하는 횟수를 세는 양사] [뛸 쟁, 뛸 창 趟]

遍 遍 遍 遍 遍 遍 遍 遍 遍 遍

| 遍 | 遍 | 遍 | | | |

biàn [양] 회, 번 [동작이 시작되어 끝날 때까지의 전 과정을 세는 양사] [두루 편 遍]

次 次 次 次 次 次

| 次 | 次 | 次 | | | |

cì [양] 회, 번 [횟수를 세는 양사] [버금 차 次]

回 回 回 回 回 回

| 回 | 回 | 回 | | | |

huí 양 번, 회, 차례 [행위나 동작을 세는 양사] [돌아올 회 回]

场 场 场 场 场 场

| 场 | 场 | 场 | | | |

chǎng 양 번, 차례 [문예, 오락, 체육 활동 등에서 차례를 세는 양사] [마당 장 場]

教 教 教 教 教 教 教 教 教 教

| 教 | 教 | 教 | | | |

jiāo 동 가르치다 [가르칠 교 教]

口 口 口

| 口 | 口 | 口 | | | |

kǒu 양 입, 모금, 마디 [입에서 나오거나 입에 넣는 것을 세는 양사] [입 구 口]

差 差 差 差 差 差 差 差

| 差 | 差 | 差 | | | |

chà 동 모자라다, 부족하다 [다를 차 差]

更 更 更 更 更 更 更

| 更 | 更 | 更 | | | |

gèng 부 더욱, 한층 [고칠 경, 다시 갱 更]

Chapter 04 灯亮着。

New Word 🎧 04-00

▶ Pattern 1

灯	dēng	몡 등, 등불
亮	liàng	동 빛나다
着	zhe	조 지속을 나타내는 동태조사
脚	jiǎo	몡 발
光	guāng	동 벌거벗다, 드러내다, 벗겨지다
开	kāi	동 열다 / 켜다 / (꽃이) 피다
停	tíng	동 서다, 멈추다, 정지하다
窗户	chuānghu	몡 창문
关	guān	동 닫다 / 끄다
堆	duī	동 쌓다, 쌓이다

▶ Pattern 2

墙	qiáng	몡 벽, 담
挂	guà	동 걸다
幅	fú	양 폭 [종이, 그림, 포목 등을 세는 양사]
画	huà	몡 그림
前面	qiánmiàn	몡 앞쪽, 앞면, 앞
后面	hòumiàn	몡 뒤쪽, 뒷면, 뒤
屋	wū	몡 방 / 집
贴	tiē	동 붙이다, 부착하다
纸	zhǐ	몡 종이
床	chuáng	몡 침대
下	xià	몡 밑, 아래
堆	duī	양 무더기, 더미 [쌓여있는 물건 또는 모여 있는 사람 등을 세는 양사]
垃圾	lājī	몡 쓰레기
放	fàng	동 놓다, 두다
吹风机	chuīfēngjī	몡 헤어드라이어

▶ Pattern 3

足球	zúqiú	명 축구
拿	ná	동 (손으로) 잡다, (손에) 쥐다, 가지다
扎	zā	동 묶다, 매다
头发	tóufa	명 머리카락, 두발
戴	dài	동 착용하다, 쓰다
帽子	màozi	명 모자
背	bēi	동 업다, 짊어지다, 메다
书包	shūbāo	명 책가방
西装	xīzhuāng	명 양복

▶ Pattern 4

写	xiě	동 (글씨를) 쓰다, (글을) 짓다
打	dǎ	동 (전화를) 걸다
电话	diànhuà	명 전화
笑	xiào	동 웃다
流	liú	동 흐르다, 흘리다
眼泪	yǎnlèi	명 눈물

💬 Dialogue

刚才	gāngcái	명 지금 막, 방금, 이제 금방
进	jìn	동 들어가다
忘	wàng	동 잊다, 망각하다
挺	tǐng	부 대단히, 아주, 매우
祝	zhù	동 기원하다, 바라다, 축복하다
运	yùn	명 운, 운세, 운명

Word Writing

着 着 着 着 着 着 着 着 着 着

着 着 着

zhe 조 지속을 나타내는 동태조사 [붙을 착 着]

停 停 停 停 停 停 停 停 停 停

停 停 停

tíng 동 서다, 멈추다, 정지하다 [머무를 정 停]

关 关 关 关 关 关

关 关 关

guān 동 닫다 / 끄다 [관계할 관 關]

堆 堆 堆 堆 堆 堆 堆 堆 堆 堆

堆 堆 堆

duī 동 쌓다, 쌓이다 [쌓을 퇴 堆]

挂 挂 挂 挂 挂 挂 挂 挂 挂

挂 挂 挂

guà 동 걸다 [걸 괘 掛]

贴 贴 贴 贴 贴 贴 贴 贴

贴 贴 贴

tiē 동 붙이다, 부착하다 [붙일 첩 貼]

放 放 放 放 放 放 放 放

| 放 | 放 | 放 | | | |

fàng 동 놓다, 두다 [놓을 방 放]

戴 戴 戴 戴 戴 戴 戴 戴 戴 戴 戴 戴 戴 戴 戴 戴 戴

| 戴 | 戴 | 戴 | | | |

dài 동 착용하다, 쓰다 [일 대 戴]

写 写 写 写 写

| 写 | 写 | 写 | | | |

xiě 동 (글씨를) 쓰다, (글을) 짓다 [베낄 사 寫]

笑 笑 笑 笑 笑 笑 笑 笑 笑 笑

| 笑 | 笑 | 笑 | | | |

xiào 동 웃다 [웃을 소 笑]

挺 挺 挺 挺 挺 挺 挺 挺 挺

| 挺 | 挺 | 挺 | | | |

tǐng 부 대단히, 아주, 매우 [빼어날 정 挺]

祝 祝 祝 祝 祝 祝 祝 祝 祝

| 祝 | 祝 | 祝 | | | |

zhù 동 기원하다, 바라다, 축복하다 [빌 축 祝]

Chapter 05 我在医院上班。

New Word 🎧 05-00

▶ Pattern 1

在	zài	개 ~에서 [장소를 이끄는 개사]
球场	qiúchǎng	명 구장
篮球	lánqiú	명 농구
书房	shūfáng	명 서재
食堂	shítáng	명 구내식당, 음식점
市场	shìchǎng	명 시장
买菜	mǎicài	찬거리를 사다, 장을 보다
公园	gōngyuán	명 공원
散步	sànbù	동 산보하다, 산책하다

▶ Pattern 2

在	zài	부 마침 ~하고 있다, ~하고 있는 중이다
呢	ne	조 서술문의 끝에 쓰여 동작의 진행, 상태의 지속을 나타냄
跑步	pǎobù	동 달리다, 뛰다
系	jì	동 매다, 묶다
鞋带	xiédài	명 신발 끈
锻炼	duànliàn	동 단련하다

▶ Pattern 3

正	zhèng	부 마침, 막 [동작의 진행, 상태의 지속을 나타냄]
正在	zhèngzài	부 마침 ~하고 있는 중이다 [동작의 진행, 상태의 지속을 나타냄]
聚餐	jùcān	동 회식하다
报告	bàogào	명 보고서, 리포트
开会	kāihuì	동 회의를 하다

💬 Dialogue

喂	wéi	감 (전화 상에서) 여보세요
碗	wǎn	명 그릇, 사발
带	dài	동 몸에 지니다, 휴대하다
饭盒	fànhé	명 도시락
下	xià	동 내리다, 내려가다, 내려오다 [동작이 아래 방향으로 진행됨을 나타냄]
楼	lóu	명 층, 건물
停车场	tíngchēchǎng	명 주차장

☑ Double Check!

考虑	kǎolǜ	동 고려하다
流行	liúxíng	동 유행하다, 성행하다
款式	kuǎnshì	명 스타일, 양식

Word Writing

在 在 在 在 在 在

| 在 | 在 | 在 | | | |

zài [개] ~에서 [부] 마침 ~하고 있다, ~하고 있는 중이다 [있을 재 在]

食 食 食 食 食 食 食 食 / 堂 堂 堂 堂 堂 堂 堂 堂 堂 堂 堂

| 食堂 | 食堂 | 食堂 | | |

shítáng [명] 식당, 음식점 [먹을 식 食, 집 당 堂]

呢 呢 呢 呢 呢 呢 呢 呢

| 呢 | 呢 | 呢 | | | |

ne [조] 서술문의 끝에 쓰여 동작의 진행, 상태의 지속을 나타냄 [소곤거릴 니(이) 呢]

跑 跑 跑 跑 跑 跑 跑 跑 跑 跑 / 步 步 步 步 步 步 步

| 跑步 | 跑步 | 跑步 | | |

pǎobù [동] 달리다, 뛰다 [허빌 포 跑, 걸음 보 步]

系 系 系 系 系 系 系

| 系 | 系 | 系 | | | |

jì [동] 매다, 묶다 [맬 계 繫]

正 正 正 正 正

| 正 | 正 | 正 | | | |

zhèng [부] 마침, 막 [동작의 진행, 상태의 지속을 나타냄] [바를 정 正]

正 正 正 正 正		在 在 在 在 在 在		
正在	正在	正在		

zhèngzài [부] 마침 ~하고 있는 중이다 [바를 정 正, 있을 재 在]

开 开 开 开		会 会 会 会 会 会		
开会	开会	开会		

kāihuì [동] 회의를 하다 [열 개 開, 모일 회 會]

喂 喂 喂 喂 喂 喂 喂 喂 喂 喂 喂				
喂	喂	喂		

wéi [감] (전화 상에서) 여보세요 [부르는 소리 외 喂]

带 带 带 带 带 带 带 带 带				
带	带	带		

dài [동] 몸에 지니다, 휴대하다 [띠 대 帶]

考 考 考 考 考 考		虑 虑 虑 虑 虑 虑 虑 虑 虑		
考虑	考虑	考虑		

kǎolǜ [동] 고려하다 [생각할 고 考, 생각할 려(여) 慮]

流 流 流 流 流 流 流 流 流 流		行 行 行 行 行 行		
流行	流行	流行		

liúxíng [동] 유행하다, 성행하다 [흐를 류(유) 流, 다닐 행/항렬 항 行]

Chapter 06 他比我高。

New Word 🎧 06-00

▶ Pattern 1

比	bǐ	개 ~보다, ~에 비해서
还	hái	부 더, 더욱 ['比'와 함께 쓰여 정도가 심함을 나타냄]
厘米	límǐ	명 센티미터(cm)

▶ Pattern 2

勤快	qínkuai	형 부지런하다, 근면하다
认真	rènzhēn	형 진지하다, 성실하다
诚实	chéngshí	형 성실하다
流利	liúlì	형 유창하다, 막힘이 없다

▶ Pattern 3

身高	shēngāo	명 키, 신장
一样	yíyàng	형 같다, 동일하다
体重	tǐzhòng	명 체중, 몸무게
星座	xīngzuò	명 별자리
儿子	érzi	명 아들
性格	xìnggé	명 성격, 개성
淘	táo	형 장난이 심하다, 버릇없다
左	zuǒ	명 왼쪽
右	yòu	명 오른쪽
腿	tuǐ	명 다리

💬 Dialogue

前天	qiántiān	명 그저께
美女	měinǚ	명 미녀
俩	liǎ	수 두 사람, 두 개
长	zhǎng	동 나다, 생기다
像	xiàng	동 비슷하다, 닮다
以为	yǐwéi	동 여기다, 생각하다, 알다

☑ Double Check!

奶奶	nǎinai	명 할머니
可怜	kělián	형 가련하다, 불쌍하다
年轻	niánqīng	형 젊다
简单	jiǎndān	형 간단하다, 단순하다
舒服	shūfu	형 편안하다, 안락하다
酒店	jiǔdiàn	명 호텔
安静	ānjìng	형 조용하다, 고요하다

Word Writing

比 比 比 比					
比	比	比			

bǐ [개] ~보다, ~에 비해서 [견줄 비 比]

还 还 还 还 还 还 还					
还	还	还			

hái [부] 더, 더욱 ['比'와 함께 쓰여 정도가 심함을 나타냄] [돌아올 환 還]

认 认 认 认			真 真 真 真 真 真 真 真 真 真		
认真	认真	认真			

rènzhēn [형] 진지하다, 성실하다 [알 인 認, 참 진 眞]

诚 诚 诚 诚 诚 诚 诚 诚			实 实 实 实 实 实 实 实		
诚实	诚实	诚实			

chéngshí [형] 성실하다 [정성 성 誠, 열매 실 實]

流 流 流 流 流 流 流 流 流 流			利 利 利 利 利 利 利		
流利	流利	流利			

liúlì [형] 유창하다, 막힘이 없다 [흐를 류(유) 流, 이로울 리(이) 利]

身 身 身 身 身 身 身			高 高 高 高 高 高 高 高 高		
身高	身高	身高			

shēngāo [명] 키, 신장 [몸 신 身, 높을 고 高]

一样	一样	一样

yíyàng [형] 같다, 동일하다 [한 일 一, 모양 양 樣]

体重	体重	体重

tǐzhòng [명] 체중, 몸무게 [몸 체 體, 무거울 중 重]

可怜	可怜	可怜

kělián [형] 가련하다, 불쌍하다 [옳을 가 可, 불쌍히 여길 련(연) 憐]

年轻	年轻	年轻

niánqīng [형] 젊다 [해 년(연) 年, 가벼울 경 輕]

简单	简单	简单

jiǎndān [형] 간단하다, 단순하다 [간략할 간 簡, 홑 단 單]

舒服	舒服	舒服

shūfu [형] 편안하다, 안락하다 [펼 서 舒, 옷 복 服]

Chapter 07 我做完了。

New Word 🎧 07-00

▶ Pattern 1

完	wán	동 다하다, 완결하다
记	jì	동 기억하다, 암기하다
住	zhù	동 동사의 보어로 사용되어 고정, 안정의 의미를 나타냄
同事	tóngshì	명 동료, 동업자
懂	dǒng	동 알다, 이해하다
密码	mìmǎ	명 암호, 비밀번호

▶ Pattern 2

把	bǎ	개 동작의 대상을 앞으로 이끌어 내는 역할을 함
药	yào	명 약, 약물
退	tuì	동 무르다, 반환하다
水杯	shuǐbēi	명 물컵
弄	nòng	동 하다, 만들다
倒	dǎo	동 (옆으로) 넘어지다, 자빠지다
单词	dāncí	명 단어
背	bèi	동 외우다, 암송하다
秘书	mìshū	명 비서
机票	jīpiào	명 비행기 표
订	dìng	동 예약하다
清楚	qīngchu	형 분명하다, 명백하다

💬 Dialogue

难	nán	[형] 어렵다, 힘들다
再	zài	[부] 다시 [아직 일어나지 않은 미래의 일에 쓰임]
觉得	juéde	[동] ~라고 생각하다, 느끼다
本来	běnlái	[명] 원래, 본래
旱鸭子	hànyāzi	[명] 헤엄을 못 치는 사람, 맥주병
后来	hòulái	[부] 나중에, 이후에
天天	tiāntiān	[명] 매일, 날마다
看来	kànlái	[부] 보아하니
今后	jīnhòu	[명] 이제부터, 앞으로, 이후
得	děi	[능원] (마땅히) ~해야 한다
练习	liànxí	[동] 연습하다, 익히다

☑ Double Check!

扔	rēng	[동] 던지다, 버리다
刷	shuā	[동] 솔로 닦다, 씻다
填	tián	[동] 채우다
表	biǎo	[명] 표, 양식(from)
安排	ānpái	[동] 꾸리다, 마련하다, 배정하다
日程	rìchéng	[명] 일정, 스케줄
修改	xiūgǎi	[동] 수정하다, 수리하다, 고치다
调查	diàochá	[동] 조사하다

Word Writing

完 完 完 完 完 完 完

| 完 | 完 | 完 | | | |

wán 동 다하다, 완결하다 [완전할 완 完]

记 记 记 记 记

| 记 | 记 | 记 | | | |

jì 동 기억하다, 암기하다 [기록할 기 記]

住 住 住 住 住 住 住

| 住 | 住 | 住 | | | |

zhù 동 동사의 보어로 사용되어 고정, 안정의 의미를 나타냄 [살 주 住]

懂 懂 懂 懂 懂 懂 懂 懂 懂 懂 懂 懂 懂

| 懂 | 懂 | 懂 | | | |

dǒng 동 알다, 이해하다 [심란할 동 懂]

把 把 把 把 把 把 把

| 把 | 把 | 把 | | | |

bǎ 개 동작의 대상을 앞으로 이끌어 내는 역할을 함 [잡을 파 把]

退 退 退 退 退 退 退 退

| 退 | 退 | 退 | | | |

tuì 동 무르다, 반환하다 [물러날 퇴 退]

弄 弄 弄 弄 弄 弄 弄

| 弄 | 弄 | 弄 | | | |

nòng 동 하다, 만들다 [희롱할 롱 弄]

背 背 背 背 背 背 背 背 背

| 背 | 背 | 背 | | | |

bèi 동 외우다, 암송하다 [등 배 背]

清 清 清 清 清 清 清 清 清 清　楚 楚 楚 楚 楚 楚 楚 楚 楚 楚 楚 楚

| 清楚 | 清楚 | 清楚 | | |

qīngchu 형 분명하다, 명백하다 [맑을 청 淸, 초나라 초 楚]

难 难 难 难 难 难 难 难 难 难

| 难 | 难 | 难 | | | |

nán 형 어렵다, 힘들다 [어려울 난 難]

再 再 再 再 再 再

| 再 | 再 | 再 | | | |

zài 부 다시 [다시 재 再]

觉 觉 觉 觉 觉 觉 觉 觉 觉　得 得 得 得 得 得 得 得 得 得

| 觉得 | 觉得 | 觉得 | | |

juéde 동 ~라고 생각하다, 느끼다 [깨달을 각 覺, 얻을 득 得]

Chapter 07. 我做完了。 29

Chapter 08 我找得到。

New Word 🎧 08-00

▶ Pattern 1

资料	zīliào	명 자료

▶ Pattern 2

受	shòu	동 참다, 견디다
得了	de liǎo	동작을 양적으로 완결 또는 완료할 수 있음을 나타냄
不了	bu liǎo	동작을 양적으로 완결 또는 완료할 수 없음을 나타냄

▶ Pattern 3

红酒	hóngjiǔ	명 와인, 붉은 포도주
水果	shuǐguǒ	명 과일
招	zhāo	동 모집하다
名	míng	양 명 [사람을 세는 양사]
员工	yuángōng	명 직원
助手	zhùshǒu	명 조수, 보조

▶ Pattern 4

过	guò	동 지나다, 지나가다
出	chū	동 나가다, 나오다
小孩	xiǎohái	명 어린아이
小王	Xiǎo Wáng	명 샤오왕 ['小'는 접두사로 성명(姓名) 또는 형제의 순서를 나타내는 수사 앞에 놓여져 호칭어로 쓰이며, 주로 연소자에게 쓰임]

💬 Dialogue

经理	jīnglǐ	명 사장, 지배인, 매니저
贵重	guìzhòng	형 귀중하다, 중요하다
赶紧	gǎnjǐn	부 서둘러, 급히, 재빨리
虽然	suīrán	접 비록 ~일지라도
但	dàn	접 그러나, 그렇지만
好像	hǎoxiàng	동 마치 ~인 것 같다
果然	guǒrán	부 과연
哈	hā	의성 하 [웃는 소리]
谢	xiè	동 감사하다, 사례하다

Word Writing

资 资 资 资 资 资 资 资 资 资	料 料 料 料 料 料 料 料 料 料		
资料	资料	资料	

zīliào 명 자료 [재물 자 资, 헤아릴 료(요) 料]

得 得 得 得 得 得 得 得 得	了 了		
得了	得了	得了	

de liǎo 동작을 양적으로 완결 또는 완료할 수 있음을 나타냄 [얻을 득 得, 마칠 료 了]

不 不 不 不	了 了		
不了	不了	不了	

bu liǎo 동작을 양적으로 완결 또는 완료할 수 없음을 나타냄 [아닐 불(부) 不, 마칠 료 了]

水 水 水 水	果 果 果 果 果 果 果 果		
水果	水果	水果	

shuǐguǒ 명 과일 [물 수 水, 열매 과 果]

招 招 招 招 招 招 招 招			
招	招	招	

zhāo 동 모집하다 [부를 초 招]

出 出 出 出 出			
出	出	出	

chū 동 나가다, 나오다 [날 출 出]

小小小	孩孩孩孩孩孩孩孩孩			
小孩	小孩	小孩		

xiǎohái [명] 어린아이 [작을 소 小, 어린아이 해 孩]

受受受受受受受受				
受	受	受		

shòu [동] 참다, 견디다 [받을 수 受]

赶赶赶赶赶赶赶赶赶	紧紧紧紧紧紧紧紧紧紧			
赶紧	赶紧	赶紧		

gǎnjǐn [부] 서둘러, 급히, 재빨리 [쫓을 간 赶, 긴할 긴 緊]

帮帮帮帮帮帮帮帮帮				
帮	帮	帮		

bāng [동] 돕다, 거들다 [도울 방 幫]

好好好好好好	像像像像像像像像像			
好像	好像	好像		

hǎoxiàng [동] 마치 ~인 것 같다 [좋을 호 好, 모양 상 像]

谢谢谢谢谢谢谢谢谢谢				
谢	谢	谢		

xiè [동] 감사하다, 사례하다 [사례할 사 謝]

Chapter 08. 我找得到。

Chapter 09 你学了几年?

New Word 09-00

▶ Pattern 1

呆	dāi	동 머무르다, 체재하다
久	jiǔ	형 오래다, 시간이 길다
交往	jiāowǎng	동 교제하다, 사귀다 / 왕래하다

▶ Pattern 2

| 半天 | bàntiān | 명 한나절, 한참 동안 |

▶ Pattern 3

小说	xiǎoshuō	명 소설
太极拳	tàijíquán	명 태극권
讲	jiǎng	동 이야기하다, 말하다, 설명하다
故事	gùshi	명 이야기

▶ Pattern 4

公交车	gōngjiāochē	명 버스
羽毛球	yǔmáoqiú	명 배드민턴, 셔틀콕
父母	fùmǔ	명 부모

💬 Dialogue

听说	tīngshuō	동 듣자 하니 ~라고 한다
快要	kuàiyào	부 장차, 곧 [뒤에 '了'를 동반함]
其实	qíshí	부 사실은, 실제로는
一见钟情	yíjiànzhōngqíng	첫눈에 반하다, 한눈에 반하다
补习班	bǔxíbān	명 학원, 과외학원
原来	yuánlái	명 원래, 본래
师生	shīshēng	명 교사와 학생, 스승과 제자
恋	liàn	명 연애, 사랑
追	zhuī	동 쫓다, (추)구하다

Word Writing

呆 呆 呆 呆 呆 呆 呆

| 呆 | 呆 | 呆 | | | |

dāi 동 머무르다, 체재하다 [어리석을 매 呆]

久 久 久

| 久 | 久 | 久 | | | |

jiǔ 형 오래다, 시간이 길다 [오랠 구 久]

交 交 交 交 交 交 / 往 往 往 往 往 往 往 往

| 交往 | 交往 | 交往 | | |

jiāowǎng 동 교제하다, 사귀다 / 왕래하다 [사귈 교 交, 갈 왕 往]

半 半 半 半 半 / 天 天 天 天

| 半天 | 半天 | 半天 | | |

bàntiān 명 한나절, 한참 동안 [반 반 半, 하늘 천 天]

小 小 小 / 说 说 说 说 说 说 说 说 说

| 小说 | 小说 | 小说 | | |

xiǎoshuō 명 소설 [작을 소 小, 말씀 설 說]

讲 讲 讲 讲 讲 讲 讲

| 讲 | 讲 | 讲 | | | |

jiǎng 동 이야기하다, 말하다, 설명하다 [외울 강 講]

故 故 故 故 故 故 故 故	事 事 事 事 事 事 事 事		
故事	故事	故事	

gùshi 몡 이야기 [연고 고 故, 일 사 事]

父 父 父 父	母 母 母 母 母		
父母	父母	父母	

fùmǔ 몡 부모 [아비 부 父, 어미 모 母]

听 听 听 听 听 听 听	说 说 说 说 说 说 说 说 说		
听说	听说	听说	

tīngshuō 동 듣자 하니 ~ 라고 한다 [들을 청 聽, 말씀 설 說]

快 快 快 快 快 快 快	要 要 要 要 要 要 要 要		
快要	快要	快要	

kuàiyào 부 장차, 곧 [뒤에 '了'를 동반함] [쾌할 쾌 快, 요긴할 요 要]

原 原 原 原 原 原 原 原 原	来 来 来 来 来 来 来		
原来	原来	原来	

yuánlái 몡 원래, 본래 [근원 원 原, 올 래(내) 來]

追 追 追 追 追 追 追 追 追			
追	追	追	

zhuī 동 쫓다, (추)구하다 [쫓을 추 追]

Chapter 09. 你学了几年?

Chapter 10 她给我发一条微信。

New Word 🎧 10-00

▶ Pattern 1

给	gěi	개 ~에게 [대상을 이끌어 내는 개사]
发	fā	동 보내다, 발송하다
条	tiáo	양 항목, 조목 등을 세는 양사
微信	wēixìn	명 위챗, 위챗 메시지
封	fēng	양 통 [서신 등을 세는 양사]
邮件	yóujiàn	명 메일(mail), 우편물
队员	duìyuán	명 선수, 대원
球鞋	qiúxié	명 운동화
介绍	jièshào	동 소개하다
留	liú	동 (~에) 남기다

▶ Pattern 2

开玩笑	kāi wánxiào	농담을 하다, 놀리다
大家	dàjiā	대 모두, 여러분 [일정한 범위 내에 있는 모든 사람을 가리킴]
谈	tán	동 이야기하다, 토론하다
客户	kèhù	명 고객, 거래처
常常	chángcháng	부 언제나, 자주, 늘
聊天	liáotiān	동 한담하다, 잡담하다, 수다를 떨다
说话	shuōhuà	동 말하다, 이야기하다

▶ Pattern 3

向	xiàng	개 ~향하여 [방향을 이끌어 내는 개사]
请教	qǐngjiào	동 가르침을 청하다, 지도를 바라다
问好	wènhǎo	동 안부를 묻다, 문안인사하다
领导	lǐngdǎo	명 지도자, 영도자
董事长	dǒngshìzhǎng	명 이사장, 회장, 대표
表示	biǎoshì	동 나타내다, 의미하다

感谢	gǎnxiè	동 감사하다
打听	dǎting	동 물어보다, 알아보다
要求	yāoqiú	명 요구 동 요구하다

▶ Pattern 4

对	duì	개 ~에게, ~를 향하여, ~에 대하여
严厉	yánlì	형 호되다, 무섭다, 엄격하다
细心	xìxīn	형 세심하다, 주의 깊다
意见	yìjiàn	명 의견, 이의
真话	zhēnhuà	명 참말, 진실
师傅	shīfu	명 스승, 사부
建议	jiànyì	명 건의, 제의, 제안
别	bié	부 ~하지 마라
凶	xiōng	형 사납다, 포악하다, 모질다
谎	huǎng	명 거짓말, 거짓

💬 Dialogue

药店	yàodiàn	명 약국
不用	búyòng	부 ~할 필요 없다
药剂师	yàojìshī	명 약사
咳嗽	késou	동 기침하다
嗓子	sǎngzi	명 목, 목구멍
疼	téng	형 아프다
要是	yàoshi	접 만일 ~라면
难受	nánshòu	형 힘들다, 견디기 어렵다
还是	háishi	부 아직도, 더, 여전히
真是	zhēnshi	부 정말로, 참으로
尽心尽力	jìnxīn jìnlì	성심껏 최선을 다하다, 전력을 다하다

Word Writing

给 给 给 给 给 给 给

给 给 给

gěi [개] ~에게 [대상을 이끌어 내는 개사] [줄 급 給]

发 发 发 发 发

发 发 发

fā [동] 보내다, 발송하다 [필 발 發]

邮 邮 邮 邮 邮 邮 邮　　件 件 件 件 件 件

邮件 邮件 邮件

yóujiàn [명] 메일(mail), 우편물 [우편 우 郵, 물건 건 件]

队 队 队 队　　员 员 员 员 员 员 员

队员 队员 队员

duìyuán [명] 선수, 대원 [무리 대 隊, 인원 원 員]

谈 谈 谈 谈 谈 谈 谈 谈 谈 谈

谈 谈 谈

tán [동] 이야기하다, 토론하다 [말씀 담 談]

聊 聊 聊 聊 聊 聊 聊 聊 聊 聊 聊　　天 天 天 天

聊天 聊天 聊天

liáotiān [동] 한담하다, 잡담하다, 수다를 떨다 [애오라지 료(요) 聊, 하늘 천 天]

向 向 向 向 向 向					
向	向	向			

xiàng 개 ~향하여 [방향을 이끌어 내는 개사] [향할 향 向]

问 问 问 问 问 问			好 好 好 好 好 好		
问好	问好	问好			

wènhǎo 동 안부를 묻다, 문안인사하다 [물을 문 問, 좋을 호 好]

对 对 对 对 对					
对	对	对			

duì 개 ~에게, ~를 향하여, ~에 대하여 [대할 대 對]

师 师 师 师 师 师			傅 傅 傅 傅 傅 傅 傅 傅 傅 傅		
师傅	师傅	师傅			

shīfu 명 스승, 사부 [스승 사 師, 스승 부 傅]

别 别 别 别 别 别 别					
别	别	别			

bié 부 ~하지 마라 [나눌 별 別]

药 药 药 药 药 药 药 药 药			店 店 店 店 店 店 店 店		
药店	药店	药店			

yàodiàn 명 약국 [약 약 藥, 가게 점 店]

Chapter 11　从3号到9号出差。

New Word 🎧 11-00

▶ Pattern 1

从	cóng	개 ~로부터 [시간과 장소의 출발점을 나타냄]
号	hào	명 날짜를 가리킴
到	dào	개 ~에, ~로까지 [시간과 장소의 도착점을 나타냄]
博物馆	bówùguǎn	명 박물관
写字间	xiězìjiān	명 사무실
栋	dòng	양 동, 채 [건물 등을 세는 양사]
工厂	gōngchǎng	명 공장
车站	chēzhàn	명 정거장, 정류소
商场	shāngchǎng	명 시장, 상가
千	qiān	수 천, 1000
公里	gōnglǐ	양 킬로미터(km)
釜山	Fǔshān	명 부산 [지명, 대한민국의 도시 이름]

▶ Pattern 2

往	wǎng	개 ~쪽으로, ~을 향해 [방향을 나타내는 말을 이끌어 냄]
北	běi	명 북, 북쪽
路口	lùkǒu	명 갈림길, 길목
拐	guǎi	동 방향을 바꾸다, 턴하다
离	lí	개 ~에서부터 [기준이 되는 공간, 시간의 기점을 이끌어 냄]
毕业	bìyè	동 졸업하다

▶ Pattern 3

被	bèi	개 ~에게(~을 당함) [피동을 나타냄]
发现	fāxiàn	동 발견하다, 나타내다
炒鱿鱼	chǎo yóuyú	해고하다 [불에서 구워지는 오징어의 모습이 해고당한 사람 같아 보인다 하여 나온 말임]
说	shuō	동 힐책하다, 나무라다

小偷	xiǎotōu	명 좀도둑
偷	tōu	동 훔치다, 도둑질하다
打	dǎ	동 깨뜨리다, 부수다
碎	suì	동 부서지다, 깨지다
干净	gānjìng	형 깨끗하다, 깔끔하다, 하나도 남지 않다
饭菜	fàncài	명 밥과 반찬, 식사

💬 Dialogue

咱们	zánmen	대 우리(들) [청자와 화자를 모두 포함]
家	jiā	양 집, 개 [가게, 기업 따위를 세는 양사]
寿司	shòusī	명 스시, 초밥
店	diàn	명 상점, 가게
可	kě	부 정말이지, 그야말로 [강조를 나타냄]
倒	dǎo	동 넘어지다, 자빠지다, 쓰러지다

☑ Double Check!

吵	chǎo	형 시끄럽다, 떠들썩하다
醒	xǐng	동 (잠에서) 깨다
烤	kǎo	동 (불에) 굽다
糊	hú	동 (음식이나 옷이) 타다, 눋다
抓	zhuā	동 잡다, 쥐다
翻	fān	동 뒤집다, 전복하다
修	xiū	동 수리하다
擦	cā	동 닦다, 문지르다

Word Writing

从 从 从 从

| 从 | 从 | 从 | | | |

cóng [개] ~로부터 [시간과 장소의 출발점을 나타냄] [좇을 종 從]

到 到 到 到 到 到 到 到

| 到 | 到 | 到 | | | |

dào [개] ~에, ~로까지 [시간과 장소의 도착점을 나타냄] [이를 도 到]

车 车 车 车 | 站 站 站 站 站 站 站 站 站 站

| 车站 | 车站 | 车站 | | |

chēzhàn [명] 정거장, 정류소 [수레 차 车, 역마을 참 站]

商 商 商 商 商 商 商 商 商 商 商 | 场 场 场 场 场 场

| 商场 | 商场 | 商场 | | |

shāngchǎng [명] 시장, 상가 [장사 상 商, 마당 장 场]

往 往 往 往 往 往 往 往

| 往 | 往 | 往 | | | |

wǎng [개] ~쪽으로, ~을 향해 [방향을 나타내는 말을 이끌어 냄] [갈 왕 往]

北 北 北 北 北

| 北 | 北 | 北 | | | |

běi [명] 북, 북쪽 [북녘 북 北]

路 路 路 路 路 路 路 路 路 路 路 路 路	口 口 口
路口　路口　路口	

lùkǒu 명 갈림길, 길목 [길 로 路, 입 구 口]

拐 拐 拐 拐 拐 拐 拐 拐
拐　拐　拐

guǎi 동 방향을 바꾸다, 턴하다 [후릴 괴 拐]

离 离 离 离 离 离 离 离 离 离
离　离　离

lí 개 ~에서부터 [기준이 되는 공간, 시간의 기점을 이끌어 냄] [떠날 리 離]

被 被 被 被 被 被 被 被 被
被　被　被

bèi 개 ~에게(~을 당함) [피동을 나타냄] [입을 피 被]

干 干 干	净 净 净 净 净 净 净 净
干净　干净　干净	

gānjìng 형 깨끗하다, 깔끔하다, 하나도 남지 않다 [마를 건 乾, 깨끗할 정 淨]

修 修 修 修 修 修 修 修 修
修　修　修

xiū 동 수리하다 [닦을 수 修]

Chapter 12 老板让我加班。

New Word 🎧 12-00

▶ Pattern 1

让	ràng	[개] ~에게, ~로 하여금(~하게 하다) [사동을 나타냄]
取	qǔ	[동] 찾다, 가지다, 받다
酸奶	suānnǎi	[명] 플레인 요구르트
收拾	shōushi	[동] 정리하다, 정돈하다
医生	yīshēng	[명] 의사
水	shuǐ	[명] 물

▶ Pattern 2

请	qǐng	[동] 청하다
看	kān	[동] 지키다, 돌보다
空调	kōngtiáo	[명] 에어컨
打开	dǎkāi	[동] 열다, 펼치다
掉	diào	[동] ~해 버리다 [동사 뒤에 쓰여 동작의 완성을 나타냄]
安全带	ānquándài	[명] 안전벨트
肃静	sùjìng	[형] 정숙하다, 조용하다

▶ Pattern 3

给	gěi	[동] 주다
送	sòng	[동] 주다, 선물하다
秘密	mìmì	[명] 비밀
拜托	bàituō	[동] 삼가 부탁드립니다, 부탁하다

💬 Dialogue

部门	bùmén	명 부(部), 부서, 분과
有名	yǒumíng	형 유명하다
歌星	gēxīng	명 유명 가수
会	huì	능원 ~일 것이다 [가능, 추측을 나타냄]
放松	fàngsōng	동 이완하다, 풀어주다
提前	tíqián	동 앞당기다
排队	páiduì	동 열을 짓다, 줄을 서다
负责人	fùzérén	명 책임자, 관계자

✅ Double Check!

签	qiān	동 사인하다, 서명하다
合同	hétóng	명 계약(서)
签证	qiānzhèng	명 비자, 사증
手续	shǒuxù	명 수속, 절차, 코스
付	fù	동 지불하다, 지출하다
传真	chuánzhēn	명 팩시밀리, 팩스
复印	fùyìn	동 복사하다
文件	wénjiàn	명 서류, 문서

Word Writing

让 让 让 让 让

让　让　让

ràng [개] ~에게, ~로 하여금 (~하게 하다) [사동을 나타냄] [사양할 양 讓]

取 取 取 取 取 取 取 取

取　取　取

qǔ [동] 찾다, 가지다, 받다 [가질 취 取]

请 请 请 请 请 请 请 请 请

请　请　请

qǐng [동] 청하다 [청할 청 請]

空 空 空 空 空 空 空 空	调 调 调 调 调 调 调 调 调

空调　空调　空调

kōngtiáo [명] 에어컨 [빌 공 空, 고를 조 調]

打 打 打 打 打	开 开 开 开

打开　打开　打开

dǎkāi [동] 열다, 펼치다 [칠 타 打, 열 개 開]

掉 掉 掉 掉 掉 掉 掉 掉 掉 掉

掉　掉　掉

diào [동] ~해 버리다 [동사 뒤에 쓰여 동작의 완성을 나타냄] [흔들 도 掉]

送 送 送 送 送 送 送 送					
送	送	送			

sòng [동] 주다, 선물하다 [보낼 송 送]

秘 秘 秘 秘 秘 秘 秘 秘 秘 秘			密 密 密 密 密 密 密 密 密 密		
秘密	秘密	秘密			

mìmì [명] 비밀 [숨길 비 秘, 빽빽할 밀 密]

有 有 有 有 有 有			名 名 名 名 名 名		
有名	有名	有名			

yǒumíng [형] 유명하다 [있을 유 有, 이름 명 名]

排 排 排 排 排 排 排 排 排 排			队 队 队 队		
排队	排队	排队			

páiduì [동] 열을 짓다, 줄을 서다 [밀칠 배 排, 무리 대 隊]

签 签 签 签 签 签 签 签 签 签			证 证 证 证 证 证 证		
签证	签证	签证			

qiānzhèng [명] 비자, 사증 [제비 첨 簽, 증거 증 證]

付 付 付 付 付					
付	付	付			

fù [동] 지불하다, 지출하다 [줄 부 付]

Word Index

〈퍼펙트중국어 1, 2〉의 새단어를 모아 병음순으로 정리해놓았습니다.   B Book 1, 2   Ch Chapter

A

唉	āi	B 1 Ch 09
爱情	àiqíng	B 1 Ch 10
爱人	àiren	B 1 Ch 06
安静	ānjìng	B 2 Ch 06
安排	ānpái	B 2 Ch 07
安全带	ānquándài	B 2 Ch 12

B

把	bǎ	B 2 Ch 07
爸爸	bàba	B 1 Ch 03
吧	ba	B 1 Ch 03
白	bái	B 2 Ch 02
百	bǎi	B 1 Ch 12
百货商店	bǎihuò shāngdiàn	B 1 Ch 11
拜托	bàituō	B 2 Ch 12
班	bān	B 1 Ch 06
搬	bān	B 1 Ch 09
办	bàn	B 1 Ch 11
半天	bàntiān	B 2 Ch 09
帮	bāng	B 2 Ch 03
帮忙	bāngmáng	B 1 Ch 12
包	bāo	B 2 Ch 01
包裹	bāoguǒ	B 1 Ch 11
饱	bǎo	B 2 Ch 02
报告	bàogào	B 2 Ch 05
报纸	bàozhǐ	B 1 Ch 03
杯	bēi	B 1 Ch 10
杯子	bēizi	B 1 Ch 06
背	bēi	B 2 Ch 04
北	běi	B 2 Ch 11
北京	Běijīng	B 1 Ch 03
背	bèi	B 2 Ch 07
被	bèi	B 2 Ch 11
呗	bei	B 1 Ch 08
本	běn	B 1 Ch 07
本来	běnlái	B 2 Ch 07

比	bǐ	B 2 Ch 06
比较	bǐjiào	B 1 Ch 11
比赛	bǐsài	B 1 Ch 12
笔	bǐ	B 1 Ch 10
毕业	bìyè	B 2 Ch 11
遍	biàn	B 2 Ch 03
表	biǎo	B 2 Ch 07
表示	biǎoshì	B 2 Ch 10
别	bié	B 2 Ch 10
别人	biérén	B 1 Ch 06
宾馆	bīnguǎn	B 1 Ch 04
冰	bīng	B 1 Ch 10
冰镇	bīngzhèn	B 1 Ch 10
博物馆	bówùguǎn	B 2 Ch 11
不错	búcuò	B 2 Ch 01
不用	búyòng	B 2 Ch 10
补习班	bǔxíbān	B 2 Ch 09
不	bù	B 1 Ch 01
部	bù	B 2 Ch 10
部门	bùmén	B 2 Ch 12
不了	bu liǎo	B 2 Ch 08

C

擦	cā	B 2 Ch 11
才	cái	B 1 Ch 09
菜	cài	B 1 Ch 05
菜单	càidān	B 1 Ch 06
参观	cānguān	B 2 Ch 02
参加	cānjiā	B 1 Ch 12
草莓	cǎoméi	B 1 Ch 10
差	chà	B 2 Ch 03
长	cháng	B 1 Ch 07
尝	cháng	B 2 Ch 02
常常	chángcháng	B 2 Ch 10
场	chǎng	B 2 Ch 03
唱	chàng	B 2 Ch 01
超市	chāoshì	B 1 Ch 04

吵	chǎo	B 2	Ch 11
炒	chǎo	B 1	Ch 10
炒鱿鱼	chǎo yóuyú	B 2	Ch 11
车站	chēzhàn	B 2	Ch 11
诚实	chéngshí	B 2	Ch 06
吃	chī	B 1	Ch 03
充电	chōngdiàn	B 2	Ch 02
重庆	Chóngqìng	B 2	Ch 03
抽屉	chōuti	B 1	Ch 08
出	chū	B 2	Ch 08
出差	chūchāi	B 2	Ch 02
出发	chūfā	B 1	Ch 09
初学者	chūxuézhě	B 2	Ch 01
厨房	chúfáng	B 1	Ch 04
穿	chuān	B 1	Ch 04
传真	chuánzhēn	B 2	Ch 12
窗户	chuānghu	B 2	Ch 04
床	chuáng	B 2	Ch 04
吹风机	chuīfēngjī	B 2	Ch 04
春天	chūntiān	B 1	Ch 02
次	cì	B 2	Ch 03
词典	cídiǎn	B 1	Ch 04
从	cóng	B 2	Ch 11
从来	cónglái	B 2	Ch 03
存	cún	B 1	Ch 11
错	cuò	B 2	Ch 01

D

答案	dá'àn	B 1	Ch 04
打①	dǎ	B 2	Ch 01
打②	dǎ	B 2	Ch 04
打③	dǎ	B 2	Ch 11
打车	dǎchē	B 1	Ch 12
打开	dǎkāi	B 2	Ch 12
打扫	dǎsǎo	B 1	Ch 04
打算	dǎsuàn	B 1	Ch 04
打听	dǎting	B 2	Ch 10
打折	dǎzhé	B 1	Ch 07

大	dà	B 1	Ch 07
大概	dàgài	B 1	Ch 07
大家	dàjiā	B 2	Ch 10
呆	dāi	B 2	Ch 09
带①	dài	B 2	Ch 03
带②	dài	B 2	Ch 05
戴	dài	B 2	Ch 04
单词	dāncí	B 2	Ch 07
但	dàn	B 2	Ch 08
蛋糕	dàngāo	B 1	Ch 07
当然	dāngrán	B 2	Ch 02
倒	dǎo	B 2	Ch 07
到①	dào	B 1	Ch 05
到②	dào	B 2	Ch 11
的	de	B 1	Ch 06
得	de	B 2	Ch 01
得了	de liǎo	B 2	Ch 08
得	děi	B 2	Ch 07
灯	dēng	B 1	Ch 04
等	děng	B 1	Ch 07
地方	dìfang	B 2	Ch 02
地铁	dìtiě	B 1	Ch 07
弟弟	dìdi	B 1	Ch 04
点①	diǎn	B 1	Ch 04
点②	diǎn	B 1	Ch 09
电话	diànhuà	B 2	Ch 04
电脑	diànnǎo	B 2	Ch 02
电视	diànshì	B 1	Ch 03
电影	diànyǐng	B 1	Ch 04
店	diàn	B 2	Ch 11
掉	diào	B 2	Ch 12
调查	diàochá	B 2	Ch 07
订	dìng	B 2	Ch 07
丢	diū	B 2	Ch 03
懂	dǒng	B 2	Ch 07
董事长	dǒngshìzhǎng	B 2	Ch 10
栋	dòng	B 2	Ch 11
动作	dòngzuò	B 1	Ch 10

Word Index 51

Word Index

都	dōu	B 1	Ch 03
读	dú	B 1	Ch 03
堵车	dǔchē	B 2	Ch 02
肚子	dùzi	B 1	Ch 05
锻炼	duànliàn	B 2	Ch 05
堆①	duī	B 2	Ch 04
堆②	duī	B 2	Ch 04
对	duì	B 2	Ch 10
队员	duìyuán	B 2	Ch 10
多	duō	B 1	Ch 02
多少	duōshao	B 1	Ch 07

E

饿	è	B 1	Ch 01
儿子	érzi	B 2	Ch 06

F

发	fā	B 2	Ch 10
发现	fāxiàn	B 2	Ch 11
翻	fān	B 2	Ch 11
饭菜	fàncài	B 2	Ch 11
饭盒	fànhé	B 2	Ch 05
方便	fāngbiàn	B 1	Ch 11
房间	fángjiān	B 1	Ch 04
放	fàng	B 2	Ch 04
放假	fàngjià	B 1	Ch 09
放松	fàngsōng	B 2	Ch 12
飞机	fēijī	B 2	Ch 02
非常	fēicháng	B 1	Ch 02
分钟	fēnzhōng	B 1	Ch 07
封	fēng	B 2	Ch 10
幅	fú	B 2	Ch 04
釜山	Fǔshān	B 2	Ch 11
付	fù	B 2	Ch 12
父母	fùmǔ	B 2	Ch 09
附近	fùjìn	B 1	Ch 04
负责人	fùzérén	B 2	Ch 12
复印	fùyìn	B 2	Ch 12

G

干净	gānjìng	B 2	Ch 11
赶紧	gǎnjǐn	B 2	Ch 08
感冒	gǎnmào	B 1	Ch 12
感谢	gǎnxiè	B 2	Ch 10
干	gàn	B 1	Ch 11
刚	gāng	B 2	Ch 01
刚才	gāngcái	B 2	Ch 04
钢笔	gāngbǐ	B 1	Ch 07
高	gāo	B 1	Ch 01
高尔夫	gāo'ěrfū	B 2	Ch 01
高兴	gāoxìng	B 1	Ch 01
告诉	gàosu	B 2	Ch 02
歌	gē	B 2	Ch 01
歌手	gēshǒu	B 1	Ch 08
歌星	gēxīng	B 2	Ch 12
个	ge(gè)	B 1	Ch 05
给①	gěi	B 2	Ch 10
给②	gěi	B 2	Ch 12
跟	gēn	B 1	Ch 11
更	gèng	B 2	Ch 03
工厂	gōngchǎng	B 2	Ch 11
工资	gōngzī	B 1	Ch 09
工作	gōngzuò	B 1	Ch 02
公交车	gōngjiāochē	B 2	Ch 09
公里	gōnglǐ	B 2	Ch 11
公司	gōngsī	B 1	Ch 03
公园	gōngyuán	B 2	Ch 05
故事	gùshi	B 2	Ch 09
挂	guà	B 2	Ch 04
拐	guǎi	B 2	Ch 11
关	guān	B 2	Ch 04
光	guāng	B 2	Ch 04
逛	guàng	B 2	Ch 01
贵	guì	B 1	Ch 02
贵重	guìzhòng	B 2	Ch 08
国	guó	B 1	Ch 10
果然	guǒrán	B 2	Ch 08

果汁	guǒzhī	B1 Ch05
过	guò	B2 Ch08
过	guo	B2 Ch03

H

哈	hā	B2 Ch08
还①	hái	B1 Ch05
还②	hái	B2 Ch06
还可以	hái kěyǐ	B1 Ch01
还是	háishi	B2 Ch10
汉江	Hànjiāng	B1 Ch07
汉语	Hànyǔ	B1 Ch06
旱鸭子	hànyāzi	B2 Ch07
好①	hǎo	B1 Ch01
好②	hǎo	B1 Ch09
好的	hǎo de	B1 Ch03
好吃	hǎochī	B1 Ch05
好久不见	hǎojiǔ bú jiàn	B1 Ch01
好看	hǎokàn	B1 Ch10
好像	hǎoxiàng	B1 Ch08
号	hào	B2 Ch11
喝	hē	B1 Ch03
合同	hétóng	B2 Ch12
黑	hēi	B1 Ch02
很	hěn	B1 Ch01
红	hóng	B1 Ch02
红茶	hóngchá	B1 Ch10
红酒	hóngjiǔ	B2 Ch08
后来	hòulái	B2 Ch07
后面	hòumiàn	B2 Ch04
后天	hòutiān	B1 Ch08
糊	hú	B2 Ch11
护照	hùzhào	B1 Ch06
话	huà	B1 Ch08
画	huà	B2 Ch04
坏	huài	B1 Ch02
换	huàn	B1 Ch10
黄	huáng	B2 Ch02
谎	huǎng	B2 Ch10
回①	huí	B1 Ch04
回②	huí	B2 Ch03
回答	huídá	B1 Ch04
回去	huíqù	B1 Ch12
汇	huì	B1 Ch11
会①	huì	B2 Ch01
会②	huì	B2 Ch12
会议	huìyì	B1 Ch08

J

机会	jīhuì	B1 Ch08
机场	jīchǎng	B1 Ch12
机票	jīpiào	B2 Ch07
鸡蛋	jīdàn	B1 Ch10
几	jǐ	B1 Ch07
记	jì	B2 Ch07
系	jì	B1 Ch05
寄	jì	B1 Ch11
家①	jiā	B1 Ch03
家②	jiā	B2 Ch11
加班	jiābān	B1 Ch12
检查	jiǎnchá	B1 Ch02
减肥	jiǎnféi	B1 Ch01
简单	jiǎndān	B2 Ch06
见	jiàn	B1 Ch12
见面	jiànmiàn	B1 Ch12
件	jiàn	B1 Ch07
建议	jiànyì	B2 Ch10
健康	jiànkāng	B1 Ch01
讲	jiǎng	B2 Ch09
交往	jiāowǎng	B2 Ch09
郊外	jiāowài	B1 Ch11
教	jiāo	B2 Ch03
饺子	jiǎozi	B2 Ch01
脚	jiǎo	B2 Ch04
叫	jiào	B1 Ch03
教练	jiàoliàn	B1 Ch06

Word Index 53

Word Index

教室	jiàoshì	B 1 Ch 08
接	jiē	B 1 Ch 12
结婚	jiéhūn	B 1 Ch 05
姐姐	jiějie	B 1 Ch 04
介绍	jièshào	B 2 Ch 10
借	jiè	B 1 Ch 10
斤	jīn	B 1 Ch 07
今后	jīnhòu	B 2 Ch 07
今天	jīntiān	B 1 Ch 02
紧张	jǐnzhāng	B 1 Ch 01
近	jìn	B 1 Ch 02
进	jìn	B 2 Ch 04
进口	jìnkǒu	B 1 Ch 10
尽心尽力	jìnxīn jìnlì	B 2 Ch 10
经理	jīnglǐ	B 2 Ch 08
久	jiǔ	B 2 Ch 09
酒店	jiǔdiàn	B 2 Ch 06
就	jiù	B 1 Ch 09
聚餐	jùcān	B 2 Ch 05
觉得	juéde	B 2 Ch 07

K

咖啡	kāfēi	B 1 Ch 02
开①	kāi	B 1 Ch 11
开②	kāi	B 2 Ch 04
开会	kāihuì	B 2 Ch 05
开始	kāishǐ	B 1 Ch 05
开玩笑	kāi wánxiào	B 2 Ch 10
开夜车	kāi yèchē	B 1 Ch 08
看	kān	B 2 Ch 12
看	kàn	B 1 Ch 03
看见	kànjiàn	B 1 Ch 12
看来	kànlái	B 2 Ch 07
烤	kǎo	B 2 Ch 11
烤翅	kǎochì	B 1 Ch 12
考虑	kǎolǜ	B 2 Ch 05
考试	kǎoshì	B 1 Ch 08
咳嗽	késou	B 2 Ch 10

可	kě	B 2 Ch 11
可怜	kělián	B 2 Ch 06
可是	kěshì	B 2 Ch 01
可惜	kěxī	B 1 Ch 08
可以	kěyǐ	B 1 Ch 02
课	kè	B 1 Ch 09
客户	kèhù	B 2 Ch 10
肯定	kěndìng	B 2 Ch 01
空调	kōngtiáo	B 1 Ch 12
空儿	kòngr	B 1 Ch 08
口	kǒu	B 1 Ch 03
哭	kū	B 1 Ch 05
苦	kǔ	B 1 Ch 02
块①	kuài	B 1 Ch 07
块②	kuài	B 1 Ch 07
快	kuài	B 1 Ch 09
快乐	kuàilè	B 1 Ch 01
快要	kuàiyào	B 2 Ch 09
筷子	kuàizi	B 1 Ch 07
宽	kuān	B 1 Ch 07
款①	kuǎn	B 1 Ch 10
款②	kuǎn	B 1 Ch 11
款式	kuǎnshì	B 2 Ch 05
困	kùn	B 1 Ch 09

L

拉	lā	B 1 Ch 03
垃圾	lājī	B 2 Ch 04
辣	là	B 1 Ch 10
蓝	lán	B 1 Ch 02
篮球	lánqiú	B 2 Ch 05
老板	lǎobǎn	B 1 Ch 07
老师	lǎoshī	B 1 Ch 02
了	le	B 1 Ch 02
累	lèi	B 1 Ch 01
冷	lěng	B 1 Ch 01
厘米	límǐ	B 2 Ch 06
离	lí	B 2 Ch 11

礼物	lǐwù	B 1 Ch 11	没	méi	B 1 Ch 05
李	Lǐ	B 1 Ch 06	美	měi	B 1 Ch 01
里	lǐ(li)	B 1 Ch 08	美国	Měiguó	B 1 Ch 09
荔枝	lìzhī	B 2 Ch 02	美女	měinǚ	B 2 Ch 06
俩	liǎ	B 2 Ch 06	妹妹	mèimei	B 1 Ch 04
练	liàn	B 2 Ch 01	门	mén	B 1 Ch 03
练习	liànxí	B 2 Ch 07	米	mǐ	B 1 Ch 12
练习场	liànxíchǎng	B 2 Ch 01	米饭	mǐfàn	B 1 Ch 02
恋	liàn	B 2 Ch 09	密码	mìmǎ	B 2 Ch 07
凉	liáng	B 1 Ch 02	秘密	mìmì	B 2 Ch 12
凉快	liángkuài	B 1 Ch 02	秘书	mìshū	B 2 Ch 07
两	liǎng	B 1 Ch 07	面包	miànbāo	B 1 Ch 03
亮	liàng	B 2 Ch 04	面试	miànshì	B 1 Ch 09
辆	liàng	B 1 Ch 08	名	míng	B 1 Ch 08
聊天	liáotiān	B 2 Ch 10	明白	míngbai	B 1 Ch 05
领导	lǐngdǎo	B 2 Ch 10	明年	míngnián	B 1 Ch 09
流	liú	B 2 Ch 04	明天	míngtiān	B 1 Ch 08
流利	liúlì	B 2 Ch 06	摩托车	mótuōchē	B 2 Ch 03
流行	liúxíng	B 2 Ch 05			
留	liú	B 2 Ch 10	**N**		
楼	lóu	B 2 Ch 05	拿	ná	B 2 Ch 04
路	lù	B 1 Ch 07	哪	nǎ	B 1 Ch 10
路口	lùkǒu	B 2 Ch 11	哪儿	nǎr	B 1 Ch 04
乱	luàn	B 2 Ch 02	哪儿的话	nǎr de huà	B 2 Ch 02
旅行	lǚxíng	B 2 Ch 01	那①	nà	B 1 Ch 05
旅游	lǚyóu	B 1 Ch 05	那②	nà	B 1 Ch 06
绿	lǜ	B 2 Ch 02	那儿	nàr	B 1 Ch 06
			奶奶	nǎinai	B 2 Ch 06
M			男生	nánshēng	B 1 Ch 06
妈妈	māma	B 1 Ch 03	难	nán	B 2 Ch 07
麻	má	B 1 Ch 10	难过	nánguò	B 1 Ch 01
马路	mǎlù	B 1 Ch 07	难受	nánshòu	B 2 Ch 10
吗	ma	B 1 Ch 01	呢①	ne	B 1 Ch 01
买	mǎi	B 1 Ch 03	呢②	ne	B 2 Ch 05
买菜	mǎicài	B 2 Ch 05	能	néng	B 1 Ch 12
卖	mài	B 1 Ch 04	你	nǐ	B 1 Ch 01
忙	máng	B 1 Ch 01	你们	nǐmen	B 1 Ch 03
帽子	màozi	B 2 Ch 04	年	nián	B 1 Ch 09

Word Index 55

Word Index

年纪	niánjì	B 1	Ch 07
年轻	niánqīng	B 2	Ch 06
鸟	niǎo	B 1	Ch 08
鸟叔	Niǎoshū	B 1	Ch 08
您	nín	B 1	Ch 07
牛奶	niúnǎi	B 1	Ch 03
弄	nòng	B 2	Ch 07
暖和	nuǎnhuo	B 1	Ch 02
女儿	nǚ'ér	B 1	Ch 06
女朋友	nǚ péngyou	B 1	Ch 06
女生	nǚshēng	B 1	Ch 06
嗯	Ǹg	B 1	Ch 03

P

怕	pà	B 2	Ch 03
拍照	pāizhào	B 2	Ch 02
排队	páiduì	B 2	Ch 12
旁边	pángbiān	B 1	Ch 06
胖	pàng	B 1	Ch 02
跑	pǎo	B 1	Ch 12
跑步	pǎobù	B 2	Ch 05
朋友	péngyou	B 1	Ch 04
啤酒	píjiǔ	B 1	Ch 12
便宜	piányi	B 1	Ch 02
片	piàn	B 1	Ch 10
骗	piàn	B 2	Ch 03
票	piào	B 1	Ch 07
漂亮	piàoliang	B 1	Ch 07
乒乓球	pīngpāngqiú	B 2	Ch 03
苹果	píngguǒ	B 1	Ch 10
葡萄	pútao	B 1	Ch 10

Q

欺负	qīfu	B 2	Ch 02
骑	qí	B 2	Ch 03
其实	qíshí	B 2	Ch 09
起床	qǐchuáng	B 1	Ch 09
起来	qǐlái	B 1	Ch 09
千	qiān	B 2	Ch 11
签	qiān	B 2	Ch 12
签证	qiānzhèng	B 2	Ch 12
前	qián	B 1	Ch 09
前面	qiánmiàn	B 2	Ch 04
前天	qiántiān	B 2	Ch 06
钱	qián	B 1	Ch 07
钱包	qiánbāo	B 1	Ch 04
墙	qiáng	B 2	Ch 04
勤快	qínkuai	B 2	Ch 06
清楚	qīngchu	B 2	Ch 07
晴	qíng	B 1	Ch 02
请①	qǐng	B 1	Ch 05
请②	qǐng	B 2	Ch 12
请假	qǐngjià	B 2	Ch 02
请教	qǐngjiào	B 2	Ch 10
球场	qiúchǎng	B 2	Ch 05
球鞋	qiúxié	B 2	Ch 10
取	qǔ	B 2	Ch 12
去	qù	B 1	Ch 03
去年	qùnián	B 1	Ch 09

R

让	ràng	B 2	Ch 12
热	rè	B 1	Ch 01
人	rén	B 1	Ch 08
认识	rènshi	B 1	Ch 09
认真	rènzhēn	B 2	Ch 06
扔	rēng	B 2	Ch 07
日程	rìchéng	B 2	Ch 07
柔韧性	róurènxìng	B 2	Ch 03
如果	rúguǒ	B 2	Ch 03

S

散步	sànbù	B 2	Ch 05
嗓子	sǎngzi	B 2	Ch 10
色	sè	B 1	Ch 10
商场	shāngchǎng	B 2	Ch 11

上	shàng(shang)	B1 Ch08	书店	shūdiàn	B1 Ch11
上街	shàng jiē	B1 Ch11	书房	shūfáng	B2 Ch05
上班	shàngbān	B1 Ch09	舒服	shūfu	B2 Ch06
上海	Shànghǎi	B2 Ch02	树	shù	B1 Ch08
上网	shàngwǎng	B2 Ch02	刷①	shuā	B1 Ch09
上午	shàngwǔ	B1 Ch09	刷②	shuā	B2 Ch07
稍	shāo	B1 Ch07	帅	shuài	B1 Ch01
勺	sháo	B1 Ch11	双	shuāng	B1 Ch07
谁	shéi(shuí)	B1 Ch04	水	shuǐ	B2 Ch12
深	shēn	B1 Ch02	水杯	shuǐbēi	B2 Ch07
申请	shēnqǐng	B2 Ch02	水果	shuǐguǒ	B1 Ch08
身高	shēngāo	B2 Ch06	水平	shuǐpíng	B1 Ch08
身体	shēntǐ	B2 Ch03	睡	shuì	B1 Ch09
什么	shénme	B1 Ch04	睡觉	shuìjiào	B1 Ch09
生	shēng	B1 Ch09	睡懒觉	shuì lǎnjiào	B2 Ch02
生气	shēngqì	B1 Ch05	说①	shuō	B1 Ch08
师傅	shīfu	B2 Ch10	说②	shuō	B2 Ch11
师生	shīshēng	B2 Ch09	说话	shuōhuà	B2 Ch10
时候	shíhou	B1 Ch09	死	sǐ	B1 Ch02
时间	shíjiān	B1 Ch07	送①	sòng	B2 Ch02
实习	shíxí	B1 Ch09	送②	sòng	B2 Ch12
食堂	shítáng	B2 Ch05	肃静	sùjìng	B2 Ch12
市场	shìchǎng	B2 Ch05	酸	suān	B1 Ch05
试	shì	B2 Ch02	酸奶	suānnǎi	B2 Ch12
是	shì	B1 Ch06	虽然	suīrán	B2 Ch08
事情	shìqing	B1 Ch08	碎	suì	B2 Ch11
事儿	shìr	B1 Ch08	所以	suǒyǐ	B1 Ch12
室友	shìyǒu	B1 Ch06			
收拾	shōushi	B2 Ch12	**T**		
手表	shǒubiǎo	B1 Ch06	它	tā	B1 Ch10
手机	shǒujī	B1 Ch02	他	tā	B1 Ch01
手续	shǒuxù	B2 Ch12	他们	tāmen	B1 Ch03
首	shǒu	B2 Ch02	她	tā	B1 Ch01
首尔	Shǒu'ěr	B1 Ch04	台	tái	B1 Ch08
受	shòu	B2 Ch08	太	tài	B1 Ch02
寿司	shòusī	B2 Ch11	太极拳	tàijíquán	B2 Ch09
书	shū	B1 Ch07	谈	tán	B2 Ch10
书包	shūbāo	B2 Ch04	糖	táng	B1 Ch07

Word Index 57

Word Index

趟	tàng	B 2	Ch 03
淘	táo	B 2	Ch 06
疼	téng	B 2	Ch 10
踢	tī	B 2	Ch 01
提前	tíqián	B 2	Ch 12
体重	tǐzhòng	B 2	Ch 06
天	tiān	B 1	Ch 02
天气	tiānqì	B 1	Ch 02
天天	tiāntiān	B 2	Ch 07
甜	tián	B 1	Ch 05
填	tián	B 2	Ch 07
条	tiáo	B 2	Ch 10
跳舞	tiàowǔ	B 1	Ch 05
贴	tiē	B 2	Ch 04
听	tīng	B 1	Ch 03
听说	tīngshuō	B 2	Ch 09
停	tíng	B 2	Ch 04
停车场	tíngchēchǎng	B 2	Ch 05
挺	tǐng	B 2	Ch 04
同事	tóngshì	B 2	Ch 07
同屋	tóngwū	B 1	Ch 10
同学	tóngxué	B 1	Ch 06
同意	tóngyì	B 1	Ch 05
偷	tōu	B 2	Ch 11
头发	tóufa	B 2	Ch 04
图书馆	túshūguǎn	B 1	Ch 04
推	tuī	B 1	Ch 03
腿	tuǐ	B 2	Ch 06
退	tuì	B 2	Ch 07

W

哇	wà	B 1	Ch 07
外	wài	B 1	Ch 08
完	wán	B 2	Ch 07
完成	wánchéng	B 1	Ch 12
玩儿	wánr	B 1	Ch 03
晚饭	wǎnfàn	B 1	Ch 09
晚上	wǎnshang	B 1	Ch 09
碗①	wǎn	B 1	Ch 12
碗②	wǎn	B 2	Ch 05
往	wǎng	B 2	Ch 11
忘	wàng	B 2	Ch 04
微信	wēixìn	B 2	Ch 10
喂	wéi	B 2	Ch 05
为什么	wèishénme	B 1	Ch 11
味道	wèidào	B 1	Ch 02
文件	wénjiàn	B 2	Ch 12
问	wèn	B 1	Ch 03
问好	wènhǎo	B 2	Ch 10
问题	wèntí	B 1	Ch 04
我	wǒ	B 1	Ch 01
我们	wǒmen	B 1	Ch 03
屋	wū	B 2	Ch 04
武侠	wǔxiá	B 1	Ch 10

X

西瓜	xīguā	B 1	Ch 10
西红柿	xīhóngshì	B 1	Ch 10
西装	xīzhuāng	B 2	Ch 04
吸烟	xīyān	B 2	Ch 02
洗	xǐ	B 1	Ch 09
洗手间	xǐshǒujiān	B 1	Ch 04
洗澡	xǐzǎo	B 1	Ch 05
喜欢	xǐhuan	B 1	Ch 08
喜剧	xǐjù	B 1	Ch 10
细心	xìxīn	B 2	Ch 10
下①	xià	B 2	Ch 04
下②	xià	B 2	Ch 05
下班	xiàbān	B 1	Ch 09
先	xiān	B 1	Ch 03
现在	xiànzài	B 1	Ch 07
限行	xiànxíng	B 2	Ch 12
香①	xiāng	B 1	Ch 02
香②	xiāng	B 2	Ch 01
香港	Xiānggǎng	B 1	Ch 09
香蕉	xiāngjiāo	B 1	Ch 07

想①	xiǎng	B 1	Ch 03
想②	xiǎng	B 2	Ch 01
向	xiàng	B 2	Ch 10
像	xiàng	B 2	Ch 06
小	xiǎo	B 1	Ch 06
小孩	xiǎohái	B 2	Ch 08
小时	xiǎoshí	B 1	Ch 12
小说	xiǎoshuō	B 2	Ch 09
小偷	xiǎotōu	B 2	Ch 11
小李	Xiǎo Lǐ	B 1	Ch 06
小王	Xiǎo Wáng	B 2	Ch 08
笑	xiào	B 2	Ch 04
些	xiē	B 1	Ch 11
鞋	xié	B 1	Ch 07
鞋带	xiédài	B 2	Ch 05
写	xiě	B 2	Ch 04
写字间	xiězìjiān	B 2	Ch 11
谢	xiè	B 2	Ch 08
谢谢	xièxie	B 1	Ch 03
新	xīn	B 1	Ch 10
辛苦	xīnkǔ	B 2	Ch 02
信用卡	xìnyòngkǎ	B 1	Ch 11
星期	xīngqī	B 1	Ch 09
星座	xīngzuò	B 2	Ch 06
行李	xíngli	B 1	Ch 06
醒	xǐng	B 2	Ch 11
兴趣	xìngqù	B 1	Ch 08
性格	xìnggé	B 2	Ch 06
幸福	xìngfú	B 1	Ch 01
凶	xiōng	B 2	Ch 10
休息	xiūxi	B 1	Ch 05
修	xiū	B 2	Ch 11
修改	xiūgǎi	B 2	Ch 07
需要	xūyào	B 1	Ch 07
学生	xuésheng	B 1	Ch 06
学习	xuéxí	B 2	Ch 01
学校	xuéxiào	B 1	Ch 02

Y

牙	yá	B 1	Ch 09
严厉	yánlì	B 2	Ch 10
颜色	yánsè	B 1	Ch 02
眼泪	yǎnlèi	B 2	Ch 04
演	yǎn	B 1	Ch 10
演唱会	yǎnchànghuì	B 1	Ch 08
要求	yāoqiú	B 2	Ch 10
要①	yào	B 1	Ch 10
要②	yào	B 1	Ch 02
要是	yàoshi	B 2	Ch 10
药	yào	B 2	Ch 07
药店	yàodiàn	B 2	Ch 10
药剂师	yàojìshī	B 2	Ch 07
也	yě	B 1	Ch 01
衣服	yīfu	B 1	Ch 07
医生	yīshēng	B 2	Ch 12
医院	yīyuàn	B 1	Ch 04
一会儿	yíhuìr	B 1	Ch 09
一见钟情	yíjiànzhōngqíng	B 2	Ch 09
一下	yíxià	B 2	Ch 02
一样	yíyàng	B 1	Ch 06
已经	yǐjīng	B 1	Ch 05
以后	yǐhòu	B 1	Ch 08
以为	yǐwéi	B 2	Ch 06
一般	yìbān	B 1	Ch 09
一起	yìqǐ	B 1	Ch 08
意见	yìjiàn	B 2	Ch 10
阴	yīn	B 1	Ch 02
音乐	yīnyuè	B 1	Ch 03
银行	yínháng	B 1	Ch 11
饮料	yǐnliào	B 1	Ch 03
用	yòng	B 1	Ch 11
邮件	yóujiàn	B 2	Ch 10
邮局	yóujú	B 1	Ch 11
邮票	yóupiào	B 1	Ch 07
游	yóu	B 1	Ch 12
游戏	yóuxì	B 1	Ch 03

Word Index 59

Word Index

游泳	yóuyǒng	B 1 Ch 05
有	yǒu	B 1 Ch 08
有点儿	yǒudiǎnr	B 1 Ch 02
有名	yǒumíng	B 2 Ch 12
又	yòu	B 1 Ch 05
右	yòu	B 2 Ch 06
瑜伽	yújiā	B 2 Ch 01
羽毛球	yǔmáoqiú	B 2 Ch 09
员工	yuángōng	B 2 Ch 08
原来	yuánlái	B 2 Ch 09
远	yuǎn	B 1 Ch 04
月	yuè	B 1 Ch 09
运	yùn	B 2 Ch 04
运动	yùndòng	B 1 Ch 09

Z

扎	zā	B 2 Ch 04
杂志	zázhì	B 1 Ch 11
在①	zài	B 1 Ch 03
在②	zài	B 2 Ch 05
在③	zài	B 2 Ch 05
再	zài	B 2 Ch 07
咱们	zánmen	B 2 Ch 11
早上	zǎoshang	B 1 Ch 02
怎么	zěnme	B 1 Ch 11
怎么样	zěnmeyàng	B 1 Ch 02
站	zhàn	B 1 Ch 07
张	zhāng	B 1 Ch 07
张国荣	Zhāng Guóróng	B 1 Ch 10
长	zhǎng	B 2 Ch 06
涨	zhǎng	B 1 Ch 09
招	zhāo	B 2 Ch 08
找①	zhǎo	B 1 Ch 04
找②	zhǎo	B 1 Ch 07
这	zhè	B 1 Ch 05
这么	zhème	B 1 Ch 08
这儿	zhèr	B 1 Ch 06
着	zhe	B 2 Ch 04

真	zhēn	B 1 Ch 07
真话	zhēnhuà	B 2 Ch 10
真是	zhēnshi	B 2 Ch 10
正①	zhèng	B 2 Ch 01
正②	zhèng	B 2 Ch 05
正好	zhènghǎo	B 2 Ch 01
正在	zhèngzài	B 2 Ch 05
只	zhī	B 1 Ch 08
支	zhī	B 1 Ch 07
知道	zhīdào	B 1 Ch 04
只是	zhǐshì	B 2 Ch 02
纸	zhǐ	B 2 Ch 04
中午	zhōngwǔ	B 1 Ch 12
钟	zhōng	B 2 Ch 02
种	zhǒng	B 1 Ch 10
重	zhòng	B 1 Ch 07
重要	zhòngyào	B 1 Ch 08
周六	zhōuliù	B 1 Ch 12
周末	zhōumò	B 1 Ch 02
主意	zhǔyi	B 1 Ch 08
住①	zhù	B 1 Ch 04
住②	zhù	B 2 Ch 07
助手	zhùshǒu	B 2 Ch 08
祝	zhù	B 2 Ch 04
抓	zhuā	B 2 Ch 11
追	zhuī	B 2 Ch 09
准备	zhǔnbèi	B 1 Ch 09
桌子	zhuōzi	B 1 Ch 08
资料	zīliào	B 2 Ch 08
走	zǒu	B 1 Ch 05
最	zuì	B 1 Ch 08
最近	zuìjìn	B 1 Ch 01
昨天	zuótiān	B 1 Ch 06
左	zuǒ	B 2 Ch 06
作业	zuòyè	B 1 Ch 03
坐	zuò	B 1 Ch 04
做	zuò	B 1 Ch 03
座位	zuòwèi	B 1 Ch 06
足球	zúqiú	B 2 Ch 04